D1686898

Hauptschule Bayern

Das Hirschgraben Deutschbuch

9

Erarbeitet von
Susanne Bonora, Scheßlitz
Julia Fliege, Scheßlitz
Claudia Kraus, Roßtal
Sylvelin Leipold, Burgebrach
Heike Potyra, Veitsbronn
Sigrid Puschner, Gersthofen
Brigitte Vogel, Straßkirchen

Unter Beratung von
Manfred Lehner, Regensburg
Gisela Lürman, München
Werner Bayer, Tirschenreuth
Christoph Hartmann, Aschaffenburg
Werner Heidenreich, Nürnberg
Peter Lang, Freising

Cornelsen

So kannst du mit dem Hirschgraben Deutschbuch arbeiten:

Tipp
Diese Zettel helfen beim Lösen einer Aufgabe.

Merke!
Diese Zettel enthalten Regeln und Grundwissen.

Wortlisten: Hier stehen Wörter für das Rechtschreibtraining.

Grundwissen Textsorten ▶ S. 156

Auf dieser Seite kannst du weiterarbeiten oder nachschlagen. Ein **f.** hinter der Seitenzahl bedeutet „und die folgende Seite", **ff.** bedeutet „und die folgenden Seite**n**".

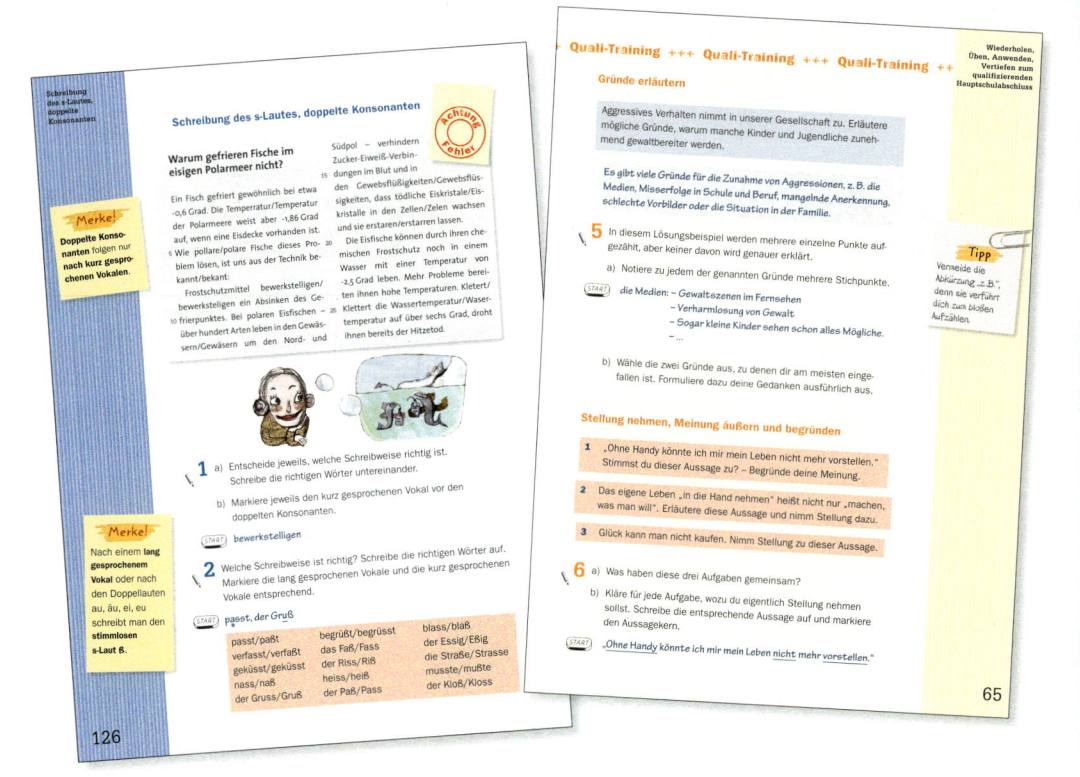

Diese Zeichen bedeuten:

(START) Starthilfe zum Lösen einer Aufgabe

✏ Schreibaufgabe (Steht der Stift vor der Aufgabenzahl, ist die ganze Aufgabe schriftlich zu lösen.)

👥 Partnerarbeit

👥👥 Gruppenarbeit (zu dritt, höchstens zu viert)

Wiederholen und vertiefen Auf diesen Seiten trainierst du für Probearbeiten.

Sprechen und schreiben

Arbeitstechniken

Richtig schreiben

Sprache untersuchen

Aufgaben mit erhöhter Leistungsanforderung ❷

Inhaltsverzeichnis

	8	**Diskutieren**
Gesprächsformen festigen	8	Sich mit Meinungen auseinandersetzen
Diskussionstechniken wiederholen	10	Diskussionsbeiträge formulieren
Argumentationsformen verfeinern	11	Mit Argumenten überzeugen
an Gesagtes anknüpfen	12	Diskussionstechniken festigen
wesentliche Informationen entnehmen	14	Sachkenntnis zeigen
Diskussionstechniken praktizieren	16	Eine Diskussion durchführen
	**18**	**Stellung nehmen**
Informationen sammeln und ordnen	18	Informationen zum Thema sammeln
die eigene Meinung begründen	20	Argumente formulieren
die eigene Meinung darlegen	22	Einleitung und Schluss schreiben
Texte kritisch prüfen	23	Checkliste zur schriftlichen Stellungnahme
Probearbeiten vorbereiten	**24**	**Wiederholen und vertiefen**
	**28**	**Sich bewerben, sich vorstellen**
formale Anforderungen wiederholen	28	Eine Stellenanzeige verstehen
inhaltliche Anforderungen	29	Telefonische Anfrage
die persönliche Situation einbeziehen	30	Bewerbungsschreiben, die ankommen
wesentliche Informationen entnehmen	32	Bewerbungstipps aus einem Zeitungsartikel entnehmen
die persönliche Situation einbeziehen	34	Formulierungen mit persönlicher Note
inhaltliche Anforderungen	35	Der Lebenslauf
Bewerbungsmappe zusammenstellen	36	Die Bewerbungsmappe
	37	Checkliste Bewerbungsmappe
formale Anforderungen klären	38	Bewerbungen im Internet
Gesprächsverhalten für Bewerbungsgespräche verfeinern	39	Das Vorstellungsgespräch
	43	Vorstellungsgespräche in Gruppen

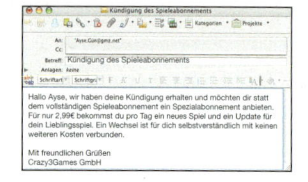

Inhalt

	44	**Standardisierte Schreiben verfassen**
wesentliche Informationen entnehmen	44	Einen Sachtext erschließen
Gesetzestexte verstehen	46	Ein Kündigungsschreiben vorbereiten
formale und sprachliche Gestaltung	48	Eine Kündigung schreiben
	**50**	**Erzählen**
	50	Einen literarischen Text erschließen
Charaktereigenschaften darstellen	53	Eine Rollenbiografie entwickeln
Stilmittel des Gegensatzes verwenden	54	Den Text ausbauen
Texte überarbeiten und vorstellen	57	Den Text überarbeiten
Probearbeiten vorbereiten	**58**	**Wiederholen und vertiefen**
	62	**Quali-Training**
Wiederholen, Üben, Anwenden, Vertiefen zum qualifizierenden Hauptschulabschluss	62	Aufgaben verstehen
	62	Aufgabentypen unterscheiden
	63	Sprachliche Besonderheiten erklären
	64	Anhand von Beispielen etwas zeigen
	65	Gründe erläutern
	65	Stellung nehmen, Meinung äußern und begründen
	68	Mit Sachtexten arbeiten
	68	Is(s)t eigentlich keiner mehr normal?
	74	Und plötzlich seid ihr Eltern
	77	Mit literarischen Texten arbeiten
	77	Das Spiegelbild
	82	Persönliche Vorstellung

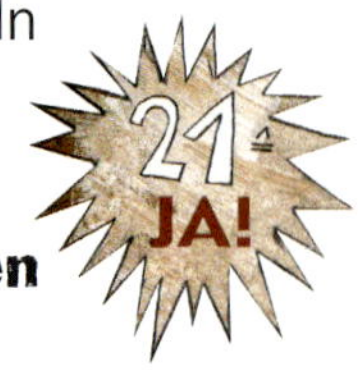

Inhalt

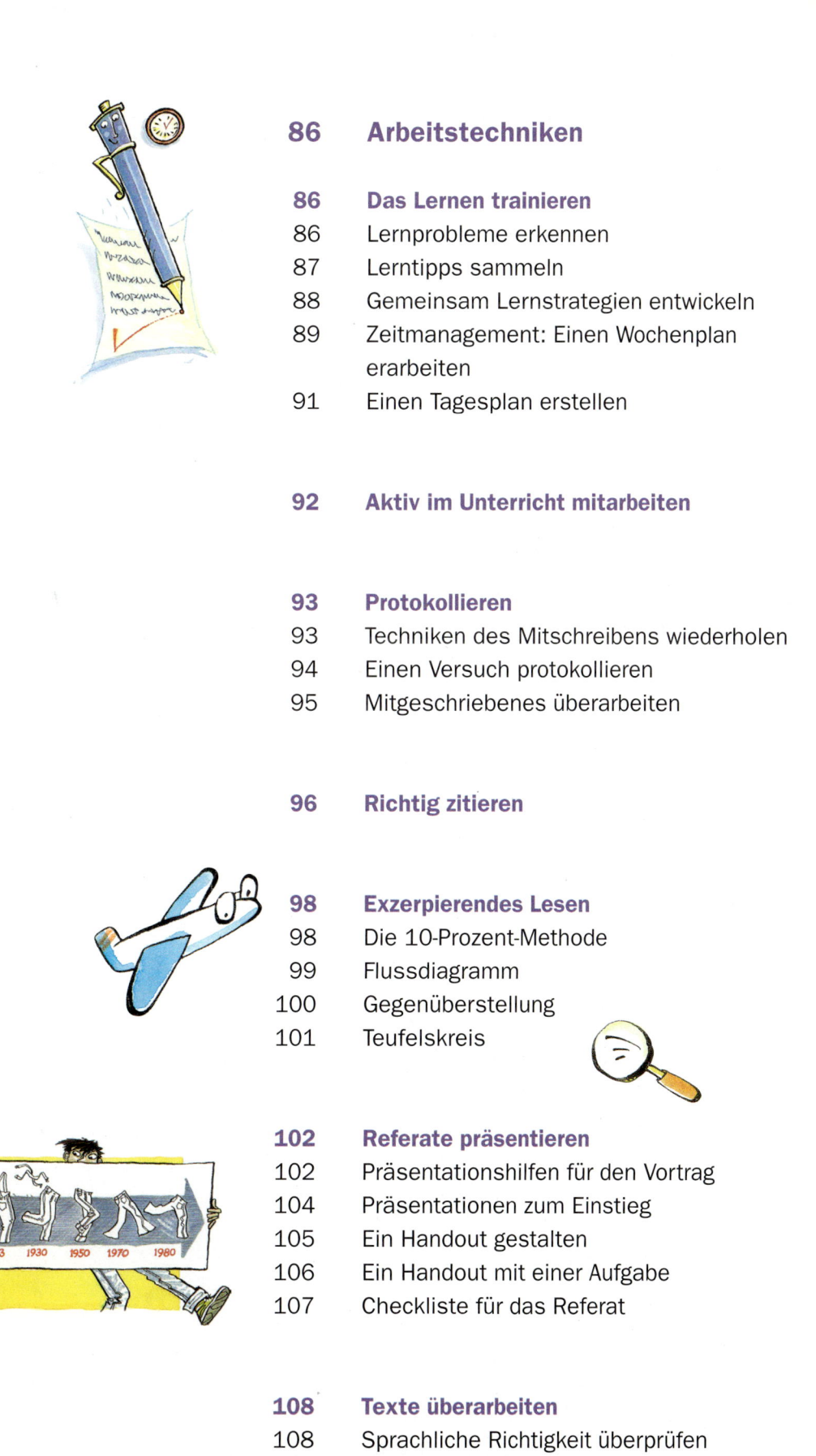

86 Arbeitstechniken

86 Das Lernen trainieren
86 Lernprobleme erkennen
87 Lerntipps sammeln
88 Gemeinsam Lernstrategien entwickeln
89 Zeitmanagement: Einen Wochenplan erarbeiten
91 Einen Tagesplan erstellen

92 Aktiv im Unterricht mitarbeiten

93 Protokollieren
93 Techniken des Mitschreibens wiederholen
94 Einen Versuch protokollieren
95 Mitgeschriebenes überarbeiten

96 Richtig zitieren

98 Exzerpierendes Lesen
98 Die 10-Prozent-Methode
99 Flussdiagramm
100 Gegenüberstellung
101 Teufelskreis

102 Referate präsentieren
102 Präsentationshilfen für den Vortrag
104 Präsentationen zum Einstieg
105 Ein Handout gestalten
106 Ein Handout mit einer Aufgabe
107 Checkliste für das Referat

108 Texte überarbeiten
108 Sprachliche Richtigkeit überprüfen
109 Den Sprachstil verbessern

110 Richtig schreiben

110 Fehlerschwerpunkte erkennen, Rechtschreibstrategien festigen

- 110 Lösungshilfen anwenden
- 112 Ein eigenes Übungsprogramm erstellen
- 114 Groß- und Kleinschreibung
- 120 Anredepronomen
- 121 Abkürzungen
- 122 Fremdwörter
- 124 Getrennt- und Zusammenschreibung
- 126 Schreibung des s-Lautes, doppelte Konsonanten
- 127 Schreibweisen lang gesprochener Vokale
- 128 Worttrennung am Zeilenende
- 129 Komma bei Aufzählungen
- 129 Komma im Satzgefüge
- 131 Komma bei nachfolgenden Erklärungen, Einschüben
- 132 Komma bei Infinitivgruppen mit zu
- 133 Zeichensetzung bei wörtlicher Rede
- **134 Wiederholen und vertiefen**

138 Sprache untersuchen

- 138 Wortarten wiederholen
- 142 Wortbildung durch Reduktion, Abkürzung und Doppelung
- 143 Sprachliche Bilder erschließen
- 144 Fremdwörter untersuchen
- 146 Fachsprachen und Fachbegriffe
- 148 Dialekt, Umgangs- und Jugendsprache
- 150 Sätze auf Vollständigkeit und Aussagekraft prüfen
- **152 Wiederholen und vertiefen**

156 Grundwissen Textsorten

158 Grundwissen Texte schreiben

162 Grundwissen Richtig schreiben

167 Grundwissen Sprache untersuchen

- 177 Text- und Bildquellen
- **178 Lösungen**
- **182 Stichwortverzeichnis**

Gesprächsformen festigen

Diskutieren

Sich mit Meinungen auseinandersetzen

DER SCHEIN ZÄHLT

Kids im Kaufrausch

Hemmungsloses Shoppen ist bei Kids angesagt

Hauptsache Marke
Teurer als heute waren Kids nie angezogen

Wichtig ist, was sichtbar ist

Jobben für teure Klamotten

Jugendliche in der Konsumfalle – machen Marken Freunde?

> **Tipp**
>
> Konsum (lat. consumere = verbrauchen), bezeichnet in der Volkswirtschaftslehre den Erwerb bzw. Verbrauch von Gütern zur Befriedigung persönlicher Bedürfnisse

1 a) Sucht zwei Schlagzeilen aus und überlegt, worum es in dem dazugehörigen Zeitungsartikel gehen könnte.

b) Welche Konsumartikel sind euch wichtig und warum?

2 Regelmäßig kann man in Medienberichten den Begriff „Konsumerziehung" hören bzw. lesen. Was verbirgt sich deiner Meinung nach hinter diesem Schlagwort?

Gesprächsformen festigen

Wichtig ist, was sichtbar ist

Viele Jugendliche in Deutschland finanzieren mit ihrem Geld vor allem eines: den schönen Schein. „Hauptsache Marke", sagt Melanie, „welche, ist egal." Der 15-jährige Oli schwört beim Handy-Kauf auf eine ganz bestimmt Marke. Christoph, 16, hat wochenlang Reklameblättchen ausgetragen, um am Ende den größten Teil seines Verdienstes für angesagte Turnschuhe auszugeben. 150 Euro, mal eben so. Die Dinger sind blau und klobig und sehen aus, als müsste man fürchterlich darin schwitzen. Aber sie sind cool.

Eine repräsentative Studie „Jugendkonsum im 21.Jahrhundert" (Lange 2004) zeigt, dass ein Teil der Jugendlichen auf das Firmenlogo achtet und ca. die Hälfte der Jugendlichen Markenprodukte kauft. Diese Werte belegen, dass bei sehr vielen Jugendlichen demonstratives Konsumverhalten ausgeprägt ist. Unter demonstrativem Konsumverhalten versteht man ein bestimmtes Kaufverhalten: Statt durch persönliche Leistung, versucht man lediglich, durch den Besitz und das Zeigen materieller Güter soziale Anerkennung zu gewinnen. Frei nach dem Motto: Man kauft Dinge, die man im Grunde gar nicht braucht, mit zum Teil geliehenem Geld, um anderen zu imponieren.

3 a) „Den schönen Schein finanzieren", belege diese Aussage anhand des Textes und suche eigene Beispiele.

b) Kläre den Begriff „demonstratives Konsumverhalten" mit Hilfe des Textes. Umschreibe ihn mit eigenen Worten.

(START) Ich verstehe unter ...

c) Lohnt es sich, sein Geld für Markenprodukte auszugeben? Sammelt Meinungen.

4 a) Worum geht es in diesem Schaubild? Erkläre es mit zwei bis drei Sätzen.

b) Welche Aussagen zum Thema lassen sich treffen?

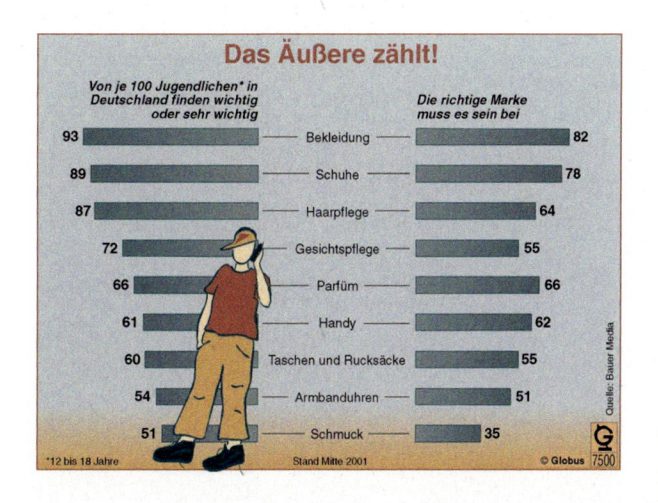

Das Äußere zählt!

Von je 100 Jugendlichen* in Deutschland finden wichtig oder sehr wichtig / Die richtige Marke muss es sein bei

	Bekleidung	
93		82
89	Schuhe	78
87	Haarpflege	64
72	Gesichtspflege	55
66	Parfüm	66
61	Handy	62
60	Taschen und Rucksäcke	55
54	Armbanduhren	51
51	Schmuck	35

*12 bis 18 Jahre — Stand Mitte 2001 — Quelle: Bauer Media — © Globus 7500

Schaubilder auswerten
▶ S. 71

Diskussionsbeiträge formulieren

Diskussionsbeiträge formulieren

Folgende Aussagen stammen aus der Diskussion einer 9. Klasse zum Thema „Lohnt es sich, sein Geld für Markenkleidung auszugeben?"

- Also, Markenklamotten finde ich cool.
- Alles Geld, das ich geschenkt bekomme, gebe ich für mein Hobby Angeln aus!
- Ich bekomme kaum Geld von meinen Eltern, deshalb kann ich mir keine Markenklamotten leisten.
- Wie ätzend!
- Bleib sachlich. Ich finde, es lohnt sich durchaus, Markenprodukte zu kaufen, weil da die Qualität stimmt. Meine Eltern zum Beispiel haben schon immer beim Kauf von Sportsachen Wert auf bestimmte Marken gelegt.
- Da muss ich dir aber widersprechen! Markenprodukte sind oft überteuert, weil man da den Namen mitbezahlt. Viele Markenklamotten haben meist gar nicht die Qualität, da wird einfach nur ein anderes Etikett reingenäht.
- Also, ich will auf gar keinen Fall als Loser dastehen, deshalb bestehe ich darauf, dass meine Eltern für mich nur Markenprodukte kaufen.

Merke!

Gesprächsregeln:
- andere ausreden lassen
- gut zuhören
- sich auf die Vorrednerin/den Vorredner beziehen
- sachlich bleiben
- beim Thema bleiben

1 a) Lies alle Diskussionsbeiträge und äußere dich zu den einzelnen Meinungen.

b) Haben sich die Schüler dieser 9. Klasse an die Gesprächs- und Diskussionsregeln gehalten? Begründe.

2 a) Ergänzt die Regeln aus der Randspalte.
Formuliert die Regeln nicht als Verbote, sondern als Gebote.

~~Nicht vom Thema abkommen!~~   Beim Thema bleiben!

b) Überlegt, auf welche drei Regeln ihr in eurer Klasse besonders achten wollt. Erstellt eine Rangfolge und hängt diese Regeln im Klassenraum auf.

Mit Argumenten überzeugen

Deine Meinung ist nur dann überzeugend, wenn du deinen Standpunkt begründest. Beispiele können deine Meinung belegen.

> Es lohnt sich in manchen Bereichen auf jeden Fall, Markenprodukte zu kaufen. Die Qualität ist einfach besser und man hat mehr Freude an dem Teil. Ich kaufe meine Werkzeuge meistens von bestimmten Firmen, mit denen ich gute Erfahrungen gemacht habe. Denn ich habe schon zu oft festgestellt, dass billige Werkzeuge von unbekannten Herstellern schnell defekt sind oder die Verarbeitung meiner Werkstücke darunter leidet.

1
a) Besprich mit einem Partner die Meinung des Hausmeisters.

b) Übertrage dieses Argument in dein Heft und unterstreiche die Behauptung, die Begründung und das Beispiel in den entsprechenden Farben.

2
a) Nimm zum Thema „Lohnt es sich, sein Geld für Markenklamotten auszugeben?" mit einem Argument Stellung. Achte auf eine überzeugende Begründung und gib ein Beispiel an.

(START)   Es lohnt sich, ...   Es lohnt sich nicht, ...

b) Ergänze zwei weitere Argumente zum Thema.

c) Stellt eure Argumente in der Gruppe vor. Wertet gemeinsam aus, ob ihr eure Meinung überzeugend formuliert habt.

Merke!

Ein Argument vorbringen:
Eine **Behauptung** aufstellen
Eine **Begründung** nennen
Ein **Beispiel** kann die Behauptung belegen. Man findet aber nicht immer ein treffendes.

Diskussionstechniken festigen

Freie Diskussion

Pro – Kontra – Diskussion

1 a) Begründe die Sitzordnung beider Diskussionsformen.

b) Welche Punkte gehören zu welcher Diskussionsform?
- Du hast deine eigene Meinung, die du in der Diskussionsrunde vertrittst.
- Du bist Mitglied in einer Gruppe und unterstützt sie mit deiner Meinung.
- Du kannst dir während der Diskussionsrunde eine Meinung bilden und deine Meinung auch eventuell ändern.
- Du kannst geteilter Meinung sein.
- Du versuchst, mit Hilfe deiner Gruppe den Gegenspieler von eurer Meinung zu überzeugen.

c) Aus welchen Bereichen kennst du die eine oder andere Diskussionsform?

2 a) Probiert beide Diskussionsformen jeweils zehn Minuten in der Klasse aus. Diskutiert zum Thema: Lohnt es sich, von seinem Geld Markenprodukte zu kaufen?

b) Sprecht über eure Erfahrungen während der Diskussion. Welche Vor- und Nachteile bieten die beiden Diskussionsformen?

3 In Gesprächen und Diskussionen ist es wichtig, Argumente gut vorzutragen und an der richtigen Stelle im Gespräch anzuknüpfen.

a) Lies dazu die Vorschläge im Formulierungsbaukasten auf Seite 13.

FORMULIERUNGSBAUKASTEN

Du hast eben gesagt, …

Ich möchte hinzufügen, …

Bist du wirklich der Überzeugung, dass …? Wie erklärst du dann …?

Du hast völlig Recht, wenn du … behauptest, aber das ist kein Grund, dass …

Du verallgemeinerst zu sehr, indem du … Bedenke doch einmal …

Dein Beispiel hat zwar gezeigt, dass …, aber auch nicht mehr.

Im Moment kommst du vom Thema ab. Eigentlich müsstest du …

Auf der einen Seite möchtet ihr zwar …, aber nicht …

Meint ihr wirklich, dass …?

b) Füllt die Formulierungen mit Argumenten und Beispielen zum Ausgangsthema.

c) Legt einen Formulierungsbaukasten als Wandzeitung an und ergänzt ihn fortlaufend.

4 a) Welche Aufgaben sollen Diskussionsleiter/innen übernehmen? Ordne richtig zu.

Zu Beginn	Diskussion	erteilen
	Teilnehmer/innen	vorgeben/überprüfen
	Thema/Problem	verhindern
Während der Diskussion	Wort	ausräumen
	Redezeit	zusammenfassen
	Zwischenergebnisse	eröffnen
	Redner zum Thema	ansprechen
	Missverständnisse	begrüßen
	Beleidigungen/Abweichungen vom Thema	schließen
		zurückführen
Zum Schluss	Ergebnisse	festhalten
	Diskussion	

b) Oft wird diese Aufgabe von zwei Leuten geteilt. Aus welchen Bereichen kennst du zwei Gesprächs- oder Diskussionsleiter/innen? Was ist der Grund für die Aufteilung?

Wesentliche Informationen entnehmen

Sachkenntnis zeigen

Um in einer Diskussion mitreden zu können, müssen sich alle Teilnehmer/innen mit Sachfragen, die das Thema betreffen, auseinandersetzen. Je besser man vorbereitet ist, desto überzeugender kann man seinen Standpunkt vertreten und bei anderen nachfragen.

Tipp

Markenfetischismus: extreme Hinwendung zu Marken

Markendiktat: aufgezwungene Verpflichtung, Marken zu kaufen

Sexualisierung: abwertender Begriff für übermäßige Betonung der Sexualität

Schuluniform gegen Markenfetischismus

Der Vorstoß für Schuluniformen in Deutschland findet immer mehr Fürsprecher. Selbst in den Reihen der Politiker gibt es Anhänger für eine einheitliche Schulkleidung, um den Markenzwang zu bekämpfen. Natürlich gibt es auch Gegner, die nicht an einen entsprechenden Erfolg von Schuluniformen glauben.

Die Schule würde zunehmend zum Laufsteg. Markenterror und soziale Ausgrenzung seien oft die Folge, argumentieren die einen. Deshalb müsse geprüft werden, ob das Markendiktat durch eine einheitliche Bekleidung ersetzt werden könne. Schuluniformen können die Aufmerksamkeit wieder auf den Unterricht lenken. Sie würden ein Gefühl der Zusammengehörigkeit vermitteln, eine Identifikation mit der eigenen Schule verstärken und Eltern wie Kindern soziale Entlastung bringen. Außerdem wäre die einheitliche Kleidung ein Mittel gegen die zunehmende Sexualisierung des Schulalltags, zum Beispiel gegen die bauchfreie Mode, tiefe Ausschnitte, zu knapp geschnittene Hüfthosen.

Bei einer online-Umfrage des deutschen Kinderhilfswerks haben bisher knapp 4100 Betroffene teilgenommen. Demnach sind 44 % der Schüler gegen Schuluniformen, 33 % dafür und weitere 15 % würden sie ebenfalls tragen, wenn sie modisch genug sind. Immer mehr Kinder und Jugendliche sind in letzter Zeit bereit, Schuluniformen zu tragen. Daher könnten an ausgewählten Modellschulen schicke Uniformen unter realen Bedingungen ausprobiert werden, um Vor- und Nachteile im Alltag zu analysieren.

Doch einige Bildungspolitiker glauben nicht an den Erfolg. Sie denken nicht, dass Schuluniformen den Wettbewerb um Markenkleidung stoppen können. Das Marken-Unwesen wird sich eben dann auf den Nachmittag oder auf andere Äußerlichkeiten übertragen. Beispiele aus England oder Frankreich zeigten, dass Schuluniformen Mobbing im Klassenzimmer nicht verhinderten. Ob Fürsprecher oder nicht, einig sind sich die Politiker darin, dass es keine Möglichkeit in Deutschland gibt, Schüler zum Tragen der Uniform zu zwingen.

Wesentliche Informationen entnehmen

1 a) Worum geht es in diesem Artikel?
Fasse den Inhalt des Textes in zwei bis drei Sätzen zusammen.

b) Welche unterschiedlichen Meinungen werden im Text vertreten? Wie werden sie begründet?

c) Welche Meinung hast du zum Thema Schuluniform? Suche dir entsprechende Argumente aus dem Text und ergänze sie durch eigene Überlegungen in zwei Clustern.

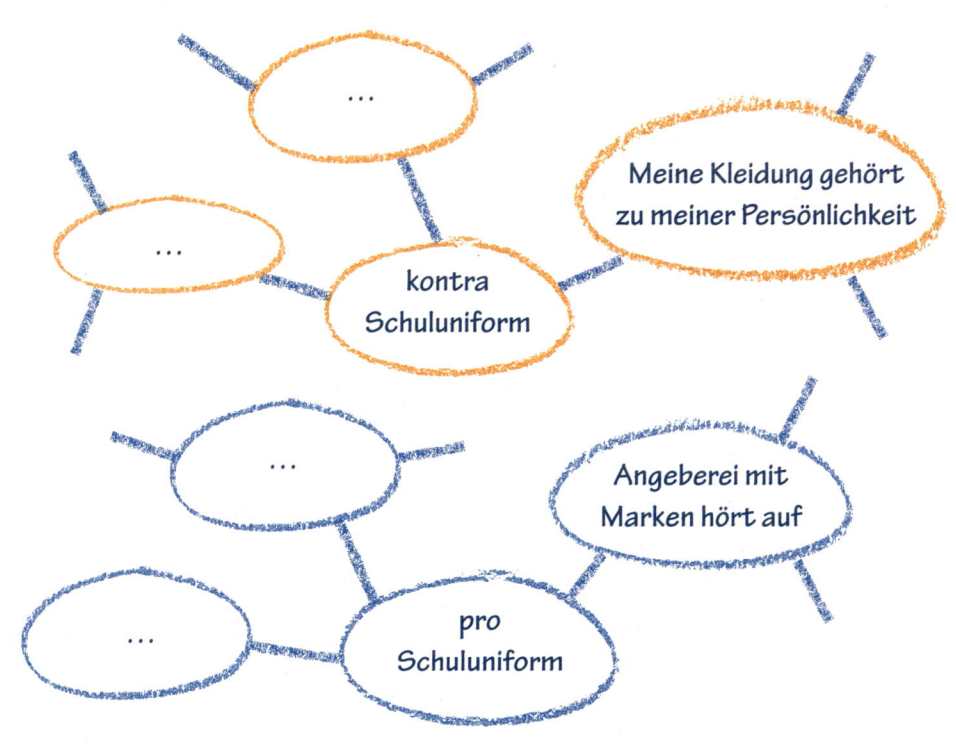

Cluster „kontra Schuluniform" mit Beispiel: „Meine Kleidung gehört zu meiner Persönlichkeit"

Cluster „pro Schuluniform" mit Beispiel: „Angeberei mit Marken hört auf"

d) Suche im Internet nach weiteren Informationen und Meinungen und ergänze deine Cluster.

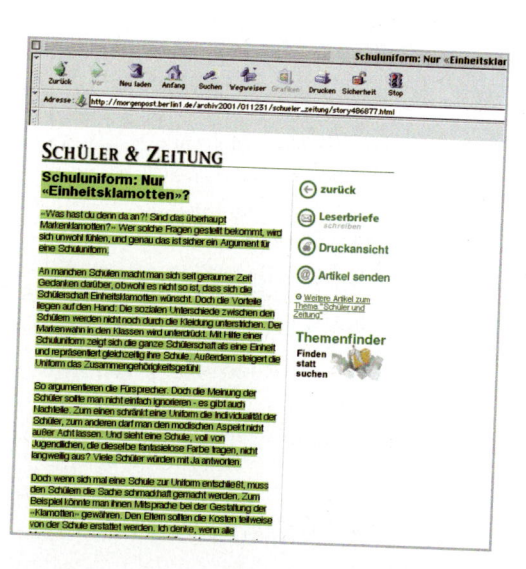

SCHÜLER & ZEITUNG — Schuluniform: Nur «Einheitsklamotten»?

15

Diskussionstechniken praktizieren

Eine Diskussion durchführen

> **Merke!**
> **Zick-Zack-Diskussion**
> Diese Diskussion ist eine Pro- und Kontra-Diskussion. Beide Gruppen erhalten abwechselnd das Wort.

1 Führt eine Zick-Zack-Diskussion durch zu dem Thema: Sollen auch an deutschen Schulen Schuluniformen eingeführt werden?

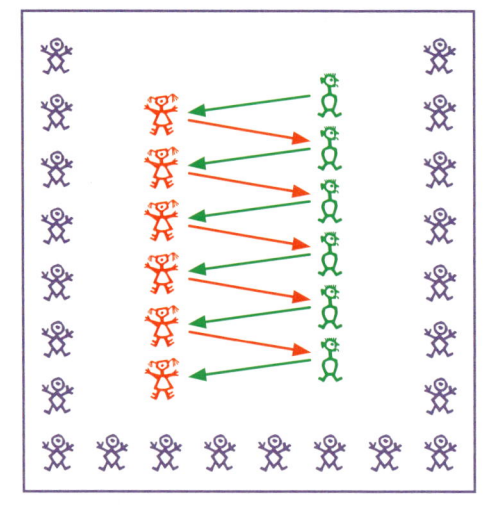

a) Was kann ein Diskussionsleiter/eine Diskussionsleiterin sagen, um diese Diskussion zu eröffnen? Sammelt Formulierungsvorschläge.

b) Erstellt einen übersichtlichen Bewertungsbogen für die Beobachtungsgruppe. Achtet darauf, dass auf diesem Bogen die Stärken und Schwächen jedes Redners/jeder Rednerin beurteilt werden sollen. Zum Beispiel:

Bewertungsbogen			
Diskussionsthema:			
Einschätzung	☹	😐	🙂
sachlich richtig?	…	…	…
überzeugend?	…	…	…
verständlich formuliert?	…	…	…
Gesprächsregeln eingehalten?	…	…	…

c) Was kann ein Diskussionsleiter/eine Diskussionsleiterin zum Schluss der Diskussion sagen? Sammelt Formulierungsvorschläge.

> (START) Die Diskussion hat gezeigt, dass es zwei grundsätzlich unterschiedliche Sichtweisen zum Thema Schuluniformen gibt. Die eine Seite hat betont, dass …
> Die wichtigsten Argumente der anderen Seite waren …

d) Teilt euch in eine Beobachtungsgruppe und eine Diskussionsgruppe auf. Teilt die Diskussionsgruppe in Pro- und Kontra-Teilnehmer/innen.

Diskussions-techniken praktizieren

1. Wählt einen Diskussionsleiter/eine Diskussionsleiterin oder zwei Diskussionsleiter/innen. Legt fest, wer welche Aufgaben übernimmt.

2. Legt eine Diskussionszeit fest (z. B. zehn Minuten).

3. Führt die erste Diskussionsrunde durch.

4. Die Diskussionsleiter/innen fassen kurz (ca. eine Minute) zusammen, was die Diskussion gezeigt hat, und schließen sie.

5. Besprecht den Verlauf der Diskussion und geht dabei auf eure Beobachtungen ein.

6. Führt eine zweite Runde mit vertauschten Rollen durch.

② Oft kommt es vor, dass man einer Meinung teilweise zustimmen kann, aber auch Einwände dagegen hat.

> Natürlich kann der Kauf von Markenklamotten zum Zwang werden. Andererseits meine ich, mit etwas Selbstbewusstsein braucht man das nicht mitzumachen.

> Es ist schon richtig, dass gleiche Kleidung ein Gefühl von Zusammengehörigkeit schafft, andererseits möchte aber gar nicht jeder zu einer Gruppe gehören.

Probiere die folgenden Formulierungen an Beispielen aus. Du kannst auch ähnliche Wendungen einbinden.

Ich finde zwar auch, dass …,	aber …
Das trifft einerseits zu,	andererseits meine ich …
In manchen Fällen stimmt es,	bei …, dagegen …
Es ist schon richtig, dass …,	man muss aber auch bedenken …

③ Wählt ein Thema aus und führt eine Diskussion durch.
- Sollen Geschäfte auch am Sonntag öffnen dürfen?
- Soll der öffentliche Nahverkehr kostenlos sein?
- Soll der Führerschein ab 16 Jahren möglich sein?
- Soll ein soziales Pflichtjahr eingeführt werden?
- Sollen Hausaufgaben abgeschafft werden?
- Soll der Diskobesuch ab 14 Jahren erlaubt sein?
- Soll die Tierhaltung in Mietwohnungen verboten werden?

Stellung nehmen

Informationen zum Thema sammeln

Ausgegrenzt sein betrifft alle Lebensbereiche

Oft wird nicht erkannt, welche andauernden Probleme durch das Ausgrenzen und Schikanieren von Kindern und Jugendlichen entstehen. Viele ausgegrenzte Kinder und Jugendliche haben es schwer, Freundschaften aufrechtzuerhalten. Sie schämen sich für ihr Aussehen oder
5 dafür, dass sie wenig Geld haben, und ziehen sich zurück. Einzelne Opfer wollen zum Beispiel nicht mehr zur Schule gehen. Einige Mobbingopfer haben gesundheitliche Probleme. Durch die ständige seelische Belastung sind sie anfälliger für Krankheiten. So können sie Neurodermitis bekommen, eine Hautkrankheit, die durch psychische
10 Probleme ausgelöst werden kann. Gemobbte Kinder und Jugendliche haben es schwerer, eine Ausbildungsstelle zu finden. Bei Bewerbungen und Vorstellungsgesprächen ist Selbstvertrauen besonders gefragt. Wer gegenüber einem Personalchef oder einer Personalchefin sehr unsicher auftritt, hat einfach schlechtere Chancen.

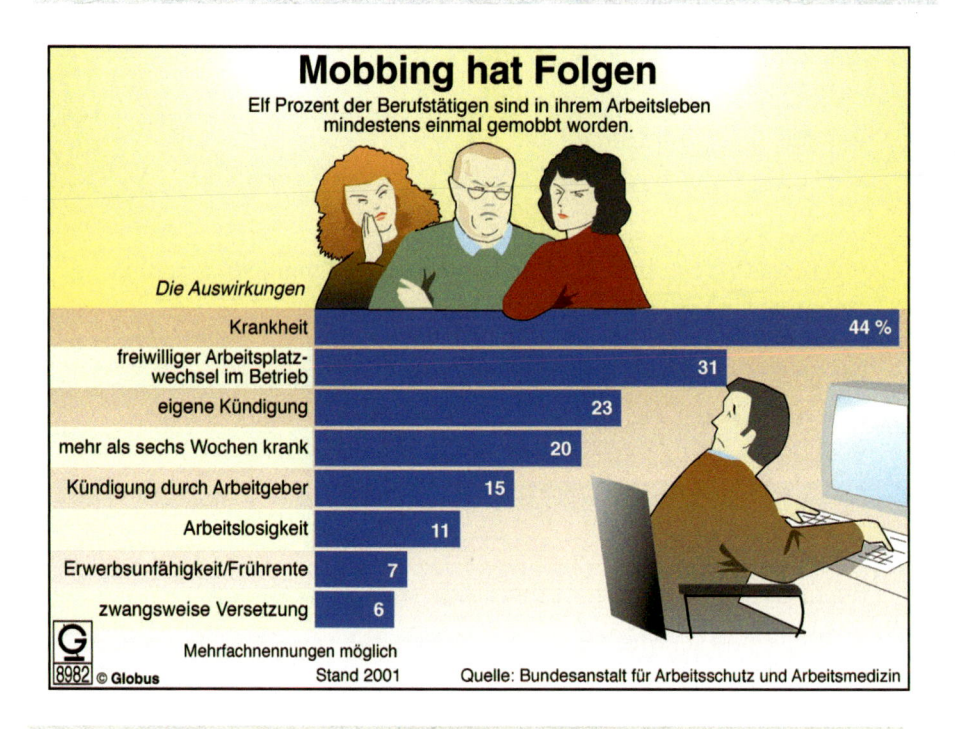

Mobbing hat Folgen
Elf Prozent der Berufstätigen sind in ihrem Arbeitsleben mindestens einmal gemobbt worden.

Die Auswirkungen

Krankheit	44 %
freiwilliger Arbeitsplatzwechsel im Betrieb	31
eigene Kündigung	23
mehr als sechs Wochen krank	20
Kündigung durch Arbeitgeber	15
Arbeitslosigkeit	11
Erwerbsunfähigkeit/Frührente	7
zwangsweise Versetzung	6

Mehrfachnennungen möglich
Stand 2001
© Globus
Quelle: Bundesanstalt für Arbeitsschutz und Arbeitsmedizin

Artikel 1
(1) Die Würde des Menschen ist unantastbar. Sie zu achten und zu schützen ist Verpflichtung aller staatlichen Gewalt.
(2) Das deutsche Volk bekennt sich darum zu unverletzlichen und unveräußerlichen Menschenrechten als Grundlage jeder menschlichen Gemeinschaft, des Friedens und der Gerechtigkeit in der Welt.

Die Gruppe macht die Schwächsten fertig
Mobbing in der Schule ist ein Gruppenphänomen

Die fünfzehnjährige Tina wird von ihrer ganzen Klasse schikaniert. Meist ist es ein Mädchen namens Miriam, das Gerüchte über sie verbreitet. Die meisten der Klasse glauben Miriam mehr als ihr. Täglich werden neue Sprüche auf die Tafel geschmiert. Keiner will mehr mit Tina reden. Experten nennen dieses Verhalten Mobbing.

Es geht dabei nicht um Streitereien zwischen zwei Menschen, sondern ein großer Teil der Gruppe ist einbezogen. Der Täter sucht sich schwache, schüchterne oder wenig integrierte Mitschüler. Diese werden dann schikaniert, indem man sich zum Beispiel über ihre Kleidung lustig macht. Ziel dieser Angriffe ist es, sich selbst in den Vordergrund zu spielen und möglichst noch Anführer oder Anführerin der Gruppe zu werden.

Nur wenige junge Leute haben den Mut, dem Opfer zu helfen. Viele machen mit, weil sie selbst Angst haben, Opfer zu werden. Es gibt in der Schule unterschiedliche Formen von Mobbing. Mädchen grenzen andere aus, Jungs reagieren oft aggressiv. Ausgrenzen ist für die Opfer oft schlimmer als Prügel. Manche entwickeln sich zum Klassenclown, andere ziehen sich völlig zurück. Sie verlieren an Selbstbewusstsein, werden psychisch und nicht selten auch körperlich krank.

Deshalb ist es entscheidend, mutig zu sein und offen über das Problem zu sprechen: mit dem Opfer, mit einer Lehrperson, mit Außenstehenden. Hauptsache, nicht schweigend zuzusehen.

1
a) Lies die Informationen auf dieser Doppelseite. Worum geht es in den Materialien?

b) Auf welche Fragen geben die Materialien Antwort? Schreibe mehrere Möglichkeiten auf.

c) Suche in den Materialien eine Aussage, zu der man Stellung nehmen kann.

2
a) Was versteht man unter Mobbing? Umschreibe den Begriff mit eigenen Worten.

b) Erstelle einen Cluster mit Hilfe der Informationen aus den Materialien.

c) Formuliert ein Thema, zu dem man Stellung nehmen kann.

Tipp

Mobbing: Herabsetzende und ausgrenzende Handlungen in der Schule und am Arbeitsplatz, die systematisch und dauerhaft gegen einzelne Personen gerichtet sind. Die Opfer werden verbal und körperlich angegriffen und isoliert. Unter dem starken psychischen Stress sind dauerhafte seelische und körperliche Schäden möglich.

Die eigene Meinung begründen und durch Beispiele belegen

Argumente formulieren

> Es ist nicht so schlimm, dass man Leute wegen ihres uncoolen Outfits fertigmacht.

1 Was haltet ihr von dieser Aussage? Sprecht darüber in der Klasse.

2 „Gemobbte Kinder und Jugendliche haben in allen Lebensbereichen große Probleme." Nimm dazu Stellung.

a) Sammle Behauptungen, Begründungen und Beispiele. Nimm dazu das Material auf den Seiten 18 und 19 zu Hilfe.

(START)

- Gemobbte Kinder und Jugendliche haben in allen Lebensbereichen große Probleme.
- Gesundheitliche Probleme / Ständige seelische Belastung / Kopfschmerzen
- Es ist schwerer, eine Ausbildungsstelle zu finden.

b) Hier findest du ein unvollständiges Argument. Ergänze folgende Behauptung, indem du dir eine Begründung aussuchst.

Behauptung: Wenn Kinder und Jugendliche gemobbt werden, können sie gesundheitliche Probleme bekommen.

Dies liegt daran, dass sie mit den Angriffen auf ihre Person ständig seelisch belastet sind und zum Beispiel Kopfschmerzen bekommen.

… denn sie sind sehr bedrückt von den Attacken gegen sie. Das kann zum Beispiel dazu führen, dass sie Schlafstörungen haben.

Aufgrund der dauerhaften psychischen Belastung wird auch der Körper angegriffen. Beispielsweise leiden Mobbingopfer unter Schlafstörungen.

c) Formuliere mit Hilfe deines Clusters aus Aufgabe a) Argumente aus. Gehe vor wie bei Aufgabe b). Nimm gegebenenfalls Verbesserungen vor.

(START) Opfer von Mobbing haben ~~immer~~ *oft* Schwierigkeiten an ihrem Arbeitsplatz, weil sie zu wenig Selbstvertrauen haben. Dies kann beispielsweise dazu führen, dass …

Merke!

Wird eine **Behauptung sachlich begründet**, nennt man das ein **Argument**.

Zu einer persönlichen Entscheidung kommen

Argumente ordnen, eigene Meinung bilden

3 Verknüpfe deine ausformulierten Argumente, damit sie nicht zusammenhanglos dastehen.

(START) *Außerdem ist zu bedenken, dass gemobbte Kinder und Jugendliche es schwerer haben, eine Ausbildungsstelle zu finden.*

4 a) Bei einer schriftlichen Stellungnahme solltest du im **Hauptteil** mindestens drei Argumente ausführen. Erkläre mit Hilfe des Schaubilds, wie du den Hauptteil aufbauen solltest:

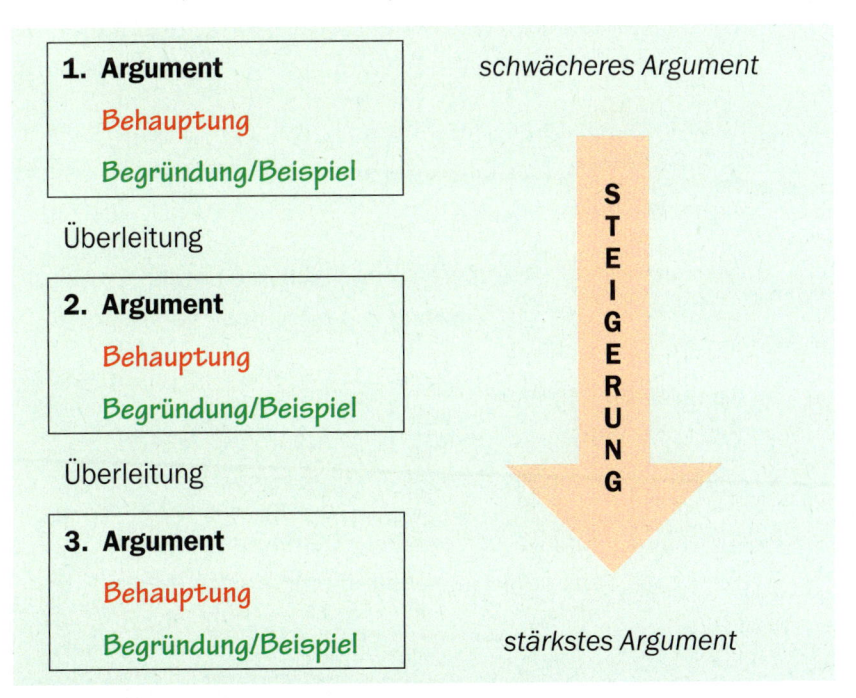

```
1. Argument                          schwächeres Argument
   Behauptung
   Begründung/Beispiel
                                     S
Überleitung                          T
                                     E
2. Argument                          I
   Behauptung                        G
   Begründung/Beispiel               E
                                     R
Überleitung                          U
                                     N
3. Argument                          G
   Behauptung
   Begründung/Beispiel               stärkstes Argument
```

b) Wähle aus deinen gesammelten Argumenten drei aus. Ordne sie nach ihrer „Schlagkraft".

c) Formuliere nun den Hauptteil deiner Stellungnahme aus.

d) Wertet eure Argumente in der Klasse aus.

5 Überarbeite den Hauptteil deiner Stellungnahme:
Sind deine Behauptungen klar formuliert?
Sind deine Begründungen ausführlich genug beschrieben?
Kannst du noch schlüssige Beispiele ergänzen?

6 Was ist deine Schlussfolgerung aus diesen Argumenten?

Merke!

Überleitungen
Meiner Meinung nach …
Ein Beispiel zu diesem Argument …
Ich denke, …
Ich bin der Meinung, dass …
Außerdem …
Vor allem …
Zudem …
Nicht vergessen darf man, dass …
Ebenfalls wichtig ist, …
Auch ist zu bedenken, …
Eine wichtige Rolle spielt auch, …

Tipp
Führt mit euren Texten eine Schreibkonferenz durch.

Tipp
Nimm für Aufgabe 6 noch einmal das Material von S. 18 und 19 zu Hilfe. Mache dir Stichpunkte.

Die eigene Meinung darlegen

Einleitung und Schluss schreiben

1 Eine **Einleitung** soll zum Thema hinführen, aber noch keine Argumente aus dem Hauptteil vorwegnehmen. Als Einleitungsgedanken kannst du zum Beispiel verwenden:

- ein aktuelles Ereignis
- eine Definition/Begriffsbestimmung
- eine Redensart/ein Sprichwort
- eine Behauptung
- ein persönliches Erlebnis
- einen Gesetzestext

a) Suche auf den Seiten 18 und 19 nach Einleitungsgedanken. Formuliere eine mögliche Einleitung.

b) Suche dir von oben zwei Möglichkeiten von Einleitungsgedanken aus. Formuliere dazu je eine Einleitung zu deiner Argumentation.

(START) In einer Fernsehdiskussion ging es um die Frage: „Welche Folgen hat Mobbing in der Schule?"

2 Im **Schlussteil** kannst du
- deine Meinung noch einmal kurz zusammenfassen
- eigene Forderungen oder einen Lösungsvorschlag formulieren

Probiere beide Möglichkeiten aus. Schreibe jeweils zwei bis drei Sätze. Nutze dazu auch deine Stichpunkte aus Aufgabe 6 auf S. 21.

(START) Ich bin daher der Meinung, dass ...
Zusammenfassend denke ich, ...
Meiner Ansicht nach ...
Aus all diesen Gründen bin ich der Meinung, ...
Deshalb bin ich überzeugt, ...
Meiner Meinung nach sollte ...

Merke!
Der Schluss deiner Stellungnahme rundet das Thema ab, sollte aber keine neuen Argumente mehr beinhalten.

3 Wähle einen Einleitungsgedanken aus Aufgabe 1 aus, stelle deine Argumente entsprechend dem Schaubild auf S. 21 zusammen und füge deinen Schlussgedanken hinzu.

Checkliste zur schriftlichen Stellungnahme

CHECKLISTE FÜR DIE SCHRIFTLICHE STELLUNGNAHME

Vorbereitungen

1. **Aufgabe klären**
   - genau lesen
   - Thema klären

2. **Stoffsammlung erstellen**
   - eigenen Cluster erstellen
   - Texte bearbeiten, Wichtiges unterstreichen
   - wenn möglich, Informationsquellen nutzen

3. **Informationen ordnen**
   Ordne die Informationen folgenden Teilen zu:
   - Einleitung
   - Hauptteil
   - Schluss

4. **Eigene Meinung bilden**
   Was schließt du aus deinen Informationen?

Schreiben der Stellungnahme

5. **Einleitung schreiben**
   Nenne den Anlass deiner Stellungnahme und das Thema, zu dem du Stellung nimmst.
   - *Vor ein paar Tagen war ich ...*
   - *In den Medien ist immer öfter die Rede von ...*
   - *Zu Zeiten unserer Großeltern war es undenkbar, dass ...*
   - *Heftig umstritten ist in letzter Zeit ...*
   - *Viele Wissenschaftler/innen beklagen ...*

6. **Hauptteil schreiben**
   Vertrete deinen Standpunkt mit Argumenten.
   - Suche zwei bis drei Argumente, ordne sie nach ihrer Schlagkraft.
   - Achte auf sinnvolle Begründungen.
   - Nutze Formulierungshilfen.

7. **Schluss schreiben**
   Fasse deine Argumente kurz zusammen und formuliere deine Meinung.
   - *Ich vertrete die Ansicht, dass ...*
   - *Ich halte das für richtig, weil ...*
   - *Meiner Meinung/Ansicht nach ...*

Zu einem Problem Stellung nehmen

Tiere als Wegwerfware

Edeltraud Arnet Eingesperrt in der Toilette eines Autobahnrastplatzes wird ein wenige Tage altes Hundebaby aufgefunden. Niemand weiß, wie lange es dort ausharren musste. Als der kleine Hund endlich aus seinem Gefängnis befreit wird, kommt jede Hilfe zu spät. Das Tier ist so schwach, dass kein Medikament, keine Infusion und keine liebevolle Betreuung durch die Mitarbeiter eines Tierheimes es retten kann. Der Hundebesitzer hat mit seiner gewissenlosen Tat den qualvollen Tod des Tieres verursacht.

An der Autobahnauffahrt Tempelhofer Damm in Berlin sind drei Tiere in einer Pappschachtel eingesperrt – ein schwarzer Spitzmischling, ein Zwergkaninchen und ein Rosettenmeerschweinchen, dem Tode näher als dem Leben. Das ungleiche Trio wird von einer Autofahrerin entdeckt und in ein Berliner Tierheim gebracht. Ehrenamtliche Mitarbeiter des Tierheimes kümmern sich um die Findlinge – sie werden gerettet und warten nun auf ein neues Zuhause.

Nach Auskunft des Deutschen Tierschutzbundes nehmen die etwa 500 Tierheime Deutschlands jährlich ca. 300 000 Tiere auf. Allein 60 000 bis 70 000 von ihnen wurden von ihren ehemaligen Besitzern einfach ausgesetzt. Es passiert vor allem in den Sommermonaten – die Tiere werden entsorgt wie Wegwerfware im Plastiksack im Müllcontainer, abgestellt im Pappkarton am Straßenrand oder irgendwo angebunden an einer Straßenlaterne.

Das niedliche Kätzchen, der tollpatschige kleine Hundewelpe oder das kuschelige Zwergkaninchen haben vielleicht als Geschenk unter dem Weihnachtsbaum ein Kinderherz erfreut. Wenige Monate später, zur Urlaubszeit, sind sie der Familie lästig geworden. Wohin nun mit Bello oder Minka, wenn es mit dem Flugzeug z. B. nach Mallorca geht? Mitnehmen ist kaum möglich und daheim ist niemand, der sich um das Tier kümmern möchte. Also entledigen sich die Besitzer ihrer „Lieblinge" auf unbarmherzige, ja grausame Weise. Hunger, Kälte oder Hitze setzen den „entsorgten" Tieren so zu, dass eine Rettung oft nicht mehr möglich ist.

Jahr für Jahr appellieren Tierschutzorganisationen in den Medien an das Verantwortungsbewusstsein der Menschen. Ein Tier braucht Zeit und Platz. Aus einem süßen Hundebaby kann ein großer Riesenschnauzer werden. Hat der noch Platz in der gemeinsamen Wohnung? Tiere brauchen Zuwendung; eine Katze will spielen, ein Hund muss „Gassi gehen". Will man diese Zeit aufbringen? Ein Tier braucht Pflege, es verursacht Kosten für Futter und den Tierarzt. Ist jemand da, der Versorgung und Pflege übernehmen könnte, wenn man verreist? Und wenn sich niemand findet, ist die Familie dann bereit, wegen des Tieres auf die Urlaubsreise zu verzichten? Mit Sorgfalt sollten alle diese Fragen vorher geprüft werden, damit das Schicksal des neuen „Familienmitglieds" nicht als Tragödie endet.

Wiederholen und vertiefen +++ Wiederholen und vertiefen +++

Begriffe erklären

1 Erkläre folgende Begriffe aus dem Text mit Hilfe des Wörterbuches:
- Infusion
- appellieren
- Verantwortungsbewusstsein
- Wegwerfware
- Tragödie

Fragen zum Text beantworten

2 Beantworte folgende Fragen und gib jeweils die Zeile an, in der du die Information im Text findest.
- Wie viele Tierheime gibt es in Deutschland?
- Wie viele Tiere werden in jedem Jahr ausgesetzt?
- Wann werden die Tiere meist ausgesetzt? Warum?

Argumente formulieren

3
a) Sich für ein Haustier zu entscheiden, hat für den Besitzer/die Besitzerin zwei Seiten. Erkläre, warum.

b) Schreibe fünf Überlegungen in Stichpunkten aus dem Text heraus, die jemand anstellen muss, der sich ein Haustier anschaffen will.

c) Überlege, warum Menschen sich einen Hund, eine Katze, ein Kaninchen oder ein anderes Haustier anschaffen. Schreibe anschließend fünf Gründe in Stichpunkten auf.

Einen Cluster erstellen

4 Sammle in einem Cluster deine Ideen und Informationen zum Thema.

START → ... — ausgesetzte Haustiere — ein Tier ist kein Spielzeug

Wiederholen und vertiefen ••• Wiederholen und vertiefen

Die Stellungnahme schreiben

5 Schreibe eine Stellungnahme zu folgender Aussage:
JÄHRLICH WERDEN TAUSENDE VON HAUSTIEREN VON IHREN BESITZERN EINFACH AUSGESETZT.

a) Sammle Behauptungen, Begründungen und Beispiele. Du kannst sie aus dem Text nehmen oder auf eigene Erfahrungen zurückgreifen. Lege dir dazu eine Tabelle an.

Behauptungen, Begründungen	1. Beispiel	2. Beispiel
1. Wer sich ein Haustier anschafft, übernimmt Verpflichtungen. ...	mit dem Hund „Gassi gehen"	regelmäßig füttern
2. Wer sich ein Haustier anschafft, ...	...	...
3. Wer ein Tier aussetzt, ... Daher ...	In der Ferienzeit werden täglich Hunde, Katzen und ... auf Autobahnparkplätzen ...	Eingesperrt in ...
...	...	...

b) Überprüfe, welche Argumente deine Meinung begründen und ob deine Beispiele die Argumente gut unterstützen.

6 a) Wähle für deine Stellungnahme eine passende Überschrift, aus der man schon deine Meinung ablesen kann, z. B.:

Ausgesetzte Tiere, ein Verbrechen

b) Nenne in der **Einleitung** kurz das Problem, zu dem du Stellung nehmen willst. Hier kannst du auf Textstellen aus dem Text „Tiere als Wegwerfware" zurückgreifen.

(START) *Jedes Jahr werden in Deutschland nach Auskunft des Deutschen Tierschutzbundes 60 000 bis 70 000 Tiere ausgesetzt, irgendwo angebunden ...*

Wiederholen und vertiefen +++ Wiederholen und vertiefen ++

c) Formuliere im **Hauptteil** mit den gesammelten Argumenten und Beispielen aus deiner Tabelle einen zusammenhängenden Text. Achte auf die Überleitungen von einem Argument zum anderen. Verbinde jedes Argument mit den gewählten Beispielen. Trenne die jeweiligen Argumente durch Absätze sichtbar ab.

(START) *Ganz klar ist, dass jemand, der sich ein Haustier anschafft, damit auch Verpflichtungen übernimmt. Daran erinnert mich unser Hund täglich. Jeden Morgen … Außerdem muss …*

Weiterhin will ein Haustier … Katzen brauchen z. B. …

…

d) Schreibe auf der Grundlage der formulierten Argumente zum **Schluss** noch einmal kurz deine Meinung zum Thema. Du kannst dich dabei an der Überschrift orientieren.

(START) *Meiner Meinung nach ist es ein Verbrechen, …*
Deshalb sollte jeder, der so handelt, …

7 Formuliere jetzt deine Stellungnahme. Achte dabei neben der Rechtschreibung und der richtigen Zeichensetzung auch auf eine saubere Schrift und eine klare Seitengestaltung.

Die Stellungnahme überprüfen

8 Überprüfe deinen Text mit Hilfe der Punkte von unten.

1. **Überschrift** Sollte eigene Meinung zeigen.

2. **Einleitung** Problem kurz benennen.

3. **Hauptteil** Jede Behauptung mit Begründung durch mindestens ein Beispiel belegen; Überleitungssätze zwischen den Argumenten formulieren.

4. **Schluss** Eigene Meinung deutlich herausstellen.

5. **Gestaltung**
   - Leerzeile nach Überschrift, nach Einleitung, nach Hauptteil
   - Argumente durch Absätze trennen
   - Fehler sauber verbessern
   - Rechtschreibung und Zeichensetzung überprüfen

Eine Stellenanzeige verstehen

Sich bewerben, sich vorstellen

Eine Stellenanzeige verstehen

AZUBI 2006 Schule fertig? ... Prima!
Startet bei uns in eine sichere berufliche Zukunft!

Wir bilden aus:

Gas- und Wasserinstallateur
Heizungs- und Lüftungsbauer

Wer schnell begreift und handwerklich geschickt ist, hat in diesen Berufen alle Hände voll zu tun. Wir bieten jungen Menschen attraktive Möglichkeiten, beruflich weiterzukommen und sich damit die persönliche Zukunft zu sichern.

Nur Mut, den ersten Schritt müsst ihr nun selbst machen, wir erwarten eure Bewerbung!

Rolf Schmiele Bad und Heizung
Krollmannstr. 7
78713 Schramberg

Details zum Stellenangebot – arbeitsagentur.de

STARTSEITE | ARBEITSAGENTUR.DE | DATENSCHUTZ | KONTAKT | INHALT | IMPRESSUM | HILFE

Bundesagentur für Arbeit

Sie sind hier: Startseite > Arbeit- und Ausbildungsuchende > Stellenangebote suchen >
Hinweis für die Suche nach schulischen Ausbildungsplätzen > Ergebnis der Suche nach Stellenangeboten >
Details zum Stellenangebot

Details zum Stellenangebot - Kraftfahrzeugmechatroniker/in - Personenkraftwagentechnik
Referenznummer: 10000-1003712495-S

Hinweis: Um mit dem Arbeitgeber in Kontakt zu treten, müssen Sie sich am Portal arbeitsagentur.de anmeld
Sie nicht bereits als Bewerber registriert sind, dann registrieren Sie sich bitte.

Zurück zur Liste   Nächstes Stellenangebot
Druckansicht

Agentur für Arbeit Regensburg   Telefon: +49 941 78080
Frau Helga Bengler   Fax: +49 941 7808910222
Galgenbergstr. 24   E-Mail: Regensburg@arbeitsagentur.de
93053 Regensburg

WIR BIETEN
Tätigkeit
Ausbildungsplatz: Kraftfahrzeugmechatroniker/in - Personenkraftwagentechnik; ein offenes von ursprünglich einem gemeldeten Angebot
Ausübungsort
93177 Altenthann, Oberpfalz, Bayern, Deutschland
Informationen zum Arbeitgeber
Betriebsgröße: zwischen 6 und 50
Branche: Instandhaltung und Reparatur von Kraftwagen (ohne Lackierung u

WIR SUCHEN
Bildungsabschluss
Qualifizierender / erweiterter Hauptschulabschluss
Frühester Eintrittstermin
01.09.2007
Sonstiges
Alter: von 16 bis 17 Jahre

GEWÜNSCHTE ART DER KONTAKTAUFNAHME
Folgende Bewerbungsarten sind möglich
Schriftliche Bewerbung
Gewünschte Anlagen zur Bewerbung
Lebenslauf, Lichtbild, letztes Zeugnis

Wir suchen für große orthopädische Gemeinschaftspraxis mit ambulantem Operationszentrum, Schwerpunkt Sportmedizin,

freundliche, engagierte
Auszubildende zur Arzthelferin

Wir bieten: ein angenehmes Betriebsklima in einem gut eingespielten Team sowie geregelte Arbeitszeit und übertarifliche Leistungen.

Gemeinschaftspraxis
Dr. Thomas Becker   Dr. Monika Schießler
Dr. Erwin Schröder   Dr. Laura Wildt
Tel. (09-11) 1-25-47

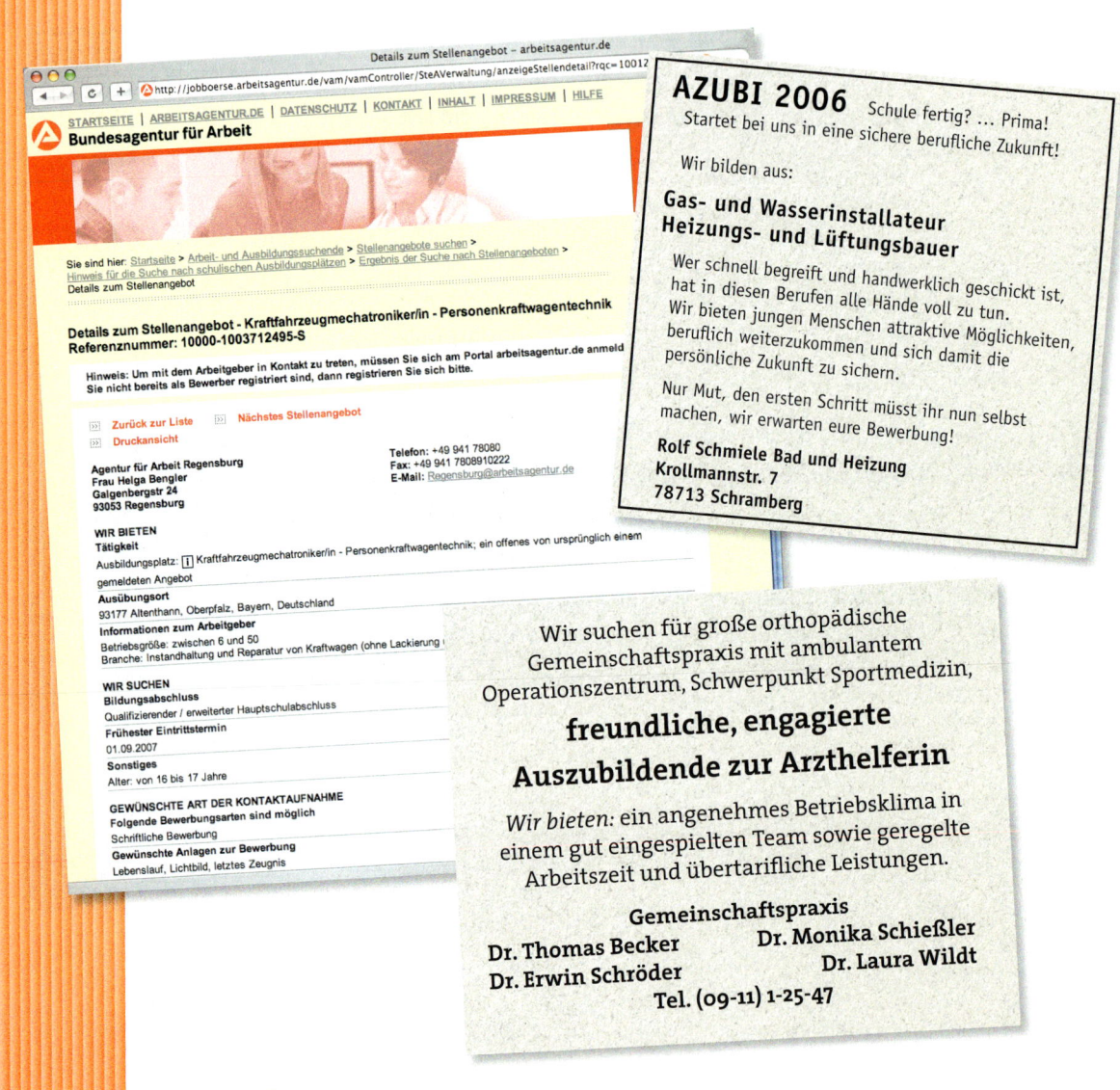

1 a) Vergleicht die Anzeigen.
- Wer wird gesucht?
- Welche Bedingungen werden an die Bewerber/innen gestellt?
- Was bietet das Unternehmen?
- An wen muss die Bewerbung geschickt werden?

b) Sucht weitere Annoncen, auch im Internet, und untersucht sie ebenso.

Telefonische Anfrage

Das wäre für mich interessant. Doch was soll ich denn jetzt sagen?

Wir bilden aus:
Fachverkäufer/in im Einzelhandel
Unser Personalchef, Herr Köhler, freut sich auf Ihren Anruf.
TV-Video-Markt Litzendorf
Tel.: 09505-80801

Merke!
Wichtig beim Telefonieren:
- Gruß
- Vor- und Nachnamen nennen
- Anliegen nennen
- Fragen stellen
- während des Gesprächs Notizen machen (z. B. Bewerbungsunterlagen?, Bewerbungstermin?)
- bedanken (auch bei einer Absage)
- Gruß

1 Worüber sollte man sich vor einer telefonischen Anfrage Gedanken machen? Notiere in Stichpunkten.

Gespräch beginnen	Gesprächsanlass nennen	Gesprächsende formulieren
• Guten Tag, • ich …	• … • …	• … • …

2 Spielt mögliche Telefongespräche mit abwechselnden Rollen.

a) Erstellt mit Hilfe eurer Stichpunkte von Aufgabe 1 einen Stichpunktzettel für ein Gespräch mit Herrn Köhler.

b) Spielt auch diese Situationen: Statt Herrn Köhler meldet sich:
- die Sekretärin
- die Zentrale
- der Anrufbeantworter

c) Sprecht zum Schluss darüber, was gelungen war und was verbessert werden sollte.

GUTEN TAG, SIE SIND MIT DEM TV-VIDEO-MARKT VERBUNDEN. SIE RUFEN AUSSERHALB UNSERER GESCHÄFTSZEITEN AN. WENN SIE UNS EINE NACHRICHT HINTERLASSEN WOLLEN, SPRECHEN SIE BITTE NACH DEM SIGNALTON …

Inhaltliche und formale Anforderungen wiederholen

Bewerbungsschreiben, die ankommen

> **Merke!**
> **Standardisiertes Schreiben:**
> formale und allgemein anerkannte Briefform

Achtung Fehler

1   Timo Zellner
    Lindenstr. 3
    Tel: …

2   Malereifachbetrieb Kesting
    Christoph-Dorner-Straße 17
    84030 Landshut

                                        3

4   **Bewerbung um einen Praktikumsplatz als Maler**

5

6   Aufgrund unseres Telefonats am 13.02.2006 möchte ich mich hiermit schriftlich um eine Stelle als Maler in Ihrem Betrieb bewerben.

    Zurzeit besuche ich die Erich-Kästner-Hauptschule in Landshut.

    Während meines einwöchigen Praktikums habe ich einen ersten Eindruck über die Arbeit eines Malers bekommen. Auch habe ich mich im BIZ über Tätigkeiten des Berufs informiert.

7   Mit freundlichen Grüßen

    Timo Zellner

8

> *Anredepronomen*
> ▶ S. 120

> **Merke!**
> **Bausteine eines Bewerbungsschreibens:**
> • Absender
> • Adressat
> • Datum
> • Betreffzeile, die über den Inhalt des Briefes informiert
> • Anrede
> • Bewerbungstext
> • Grußformel mit Unterschrift
> • Anlagen

1 a) Untersuche das Musterschreiben. Welche Bausteine fehlen?

   b) Ordne den Nummern im Brief die entsprechenden Bausteine des Merkzettels zu.

2 a) Ankommen und ankommen sind Zweierlei:
      Dieses Bewerbungsschreiben kommt sicherlich auf den Schreibtisch des Personalchefs. Doch kommt es bei ihm auch an? Sprecht darüber in der Klasse.

   b) Sammelt Vorschläge zur Überarbeitung.

   c) Überarbeitet das Schreiben **inhaltlich** und **formal**. Der Merkzettel kann euch helfen. Prüft auch die Abstände. Ihr könnt dazu die Markierungen im Schreiben auf S. 48 zu Hilfe nehmen.

Inhaltliche und formale Anforderungen wiederholen

Abschluss Praktikum Spaß
Wände Zusatzqualifikationen
Arbeit Kurs Farben
Ferienjobs Schnupperlehre

➕ **machen**

3 Bilde mit den Wörtern Sätze und ersetze das Wort „machen" durch andere passende Verben.

(START) *Das einwöchige Praktikum in der Malerwerkstatt hat mir auch viel Spaß bereitet.*

4 Welche Ausschnitte aus Bewerbungsschreiben kommen gut an? Begründe.

> Hiermit bewerbe ich mich um die Ausbildungsstelle einer Goldschmiedin. ...

> Ich habe Freude an technischen Vorgängen, am Basteln, Experimentieren und Reparieren.

> Ich wünsche mir einen Ausbildungsplatz als Molkereifachmann in Ihrer Firma. ...

> Ich bewerbe mich auf Ihre Anzeige vom 27. Februar im ...

> Seit meinem Praktikum ist es mein großer Wunsch, Beton- und Stahlbetonbauer zu werden, deshalb bewerbe ich mich um diesen Ausbildungsplatz in Ihrem Unternehmen. ...

> Schmuck zu gestalten finde ich super. Während meines Praktikums hat mir eigentlich alles gefallen.

Die persönliche Situation einbeziehen

Bewerbungstipps aus einem Zeitungsartikel entnehmen

Mut zur persönlichen Note zeigen
Bewerbungstipps für angehende Auszubildende – Abgedroschene Worthülsen meiden

BERLIN. *Spätestens jetzt, im Frühling, rüsten sich tausende Schüler wieder für den großen Ansturm auf die Ausbildungsplätze. Das Wettrennen um gute Lehrstellen ist hart. Auf die Betriebe geht eine Flut von Bewerbungen nieder.*

Wer da die Nase vorn haben will, muss schon mit seiner ersten „Arbeitsprobe", der Bewerbung, positiv auffallen. Sonst ist die Chance, auch nur zu einem Einstellungstest oder Gespräch eingeladen zu werden, gleich null. Werbung in eigener Sache ist bereits beim ersten Schritt ins Berufsleben sehr wichtig, wie Jürgen Hesse, Diplompsychologe und Berufsberater aus Berlin betont.

Sich bewerben ist Schwerstarbeit, eine gründliche Vorbereitung entscheidend. Je mehr man darüber liest, mit anderen spricht, trainiert und sich von erfahrenen Bekannten helfen lässt, desto leichter wird es von der Hand gehen. Wichtig ist zunächst das richtige „Timing". In der Regel wollen Banken und Versicherungen die Bewerbung eineinhalb Jahre vor Ausbildungsbeginn auf den Tisch bekommen. Die meisten Betriebe beginnen mit dem Auswahlverfahren ein Jahr vor dem Start der Lehre, manche erst sechs Monate vorher.

Ob man sich auf eine Anzeige oder „blind" in Eigeninitiative bei Firmen bewirbt – stets gilt: Wer nicht schon durch hervorragende Zeugnisnoten glänzen kann, sollte sich besondere Mühe bei der Gestaltung seiner Bewerbungsunterlagen geben. Anschreiben, Lebenslauf, Foto und Zeugnisse sowie Praktikanachweise dürfen nicht fehlen. Aber nicht nur die Form, sondern auch der Inhalt zählt. Abgedroschene Formulierungen wie „Hiermit bewerbe ich mich um …" oder „Ich beziehe mich auf Ihre Anzeige …" sind kein Aushängeschild für die Kreativität des künftigen Azubis. Auch in konservativen Betrieben kommt es an, wenn der Ton persönlich, flott und selbstbewusst gehalten ist, sagt Hesse. Einleitungssätze wie „Ich wünsche mir einen Ausbildungsplatz als …" oder „Es ist schon lange mein großer Wunsch, den Beruf eines … zu lernen" seien schon besser. Übertreibungen und überzogenes Selbstwertgefühl fallen allerdings unangenehm auf.

Wer dann schlüssig begründen kann, warum er ausgerechnet diesen Beruf lernen will, zeigt, dass er auch mit „Herz" dabei sein kann. Ist das Interesse aus einem Hobby, einem Praktikum oder durch Erzählungen von Familienmitgliedern entstanden, kann man das ruhig kurz erwähnen. Floskeln wie „Die Branche hat mich schon immer interessiert" sollten dagegen tabu sein. Als Pluspunkt wird oft registriert, wenn ein Jugendlicher schon telefonisch den Namen des Ansprechpartners erfragt hat. Das macht die Anrede persönlich und hat zudem den Vorteil, im ersten Satz an das Telefonat anknüpfen zu können. Rechtschreib- oder Grammatikfehler sind absolut verpönt. Azubis in spe sollten die Bewerbung immer mehrfach gegenlesen lassen.

Hesse ermuntert dazu, Mut zu einem eigenen Stil zu entwickeln. Wer sklavisch Mustertexte aus Ratgebern abschreibt, fällt in der Regel durch den Rost. Sein Tipp: Einen „Hingucker" präsentieren, also eine Extra-Seite, die sich an den Lebenslauf anschließt und in kurzen Sätzen noch einmal die Argumente für den Bewerber flott zusammenfasst. Wem es unter der Überschrift „Was Sie noch von mir wissen sollten" oder „Noch ein paar Worte zu meiner Person" gelingt, ein abgerundetes Bild von sich zu vermitteln, der hat seine Chancen stark verbessert.

Siehe auch
www.arbeitsamt.de
www.neue-ausbildungsberufe.de
www.bmwi.de/berufsanfaenger

1 Wer wird bei der Ausbildungsplatzsuche Erfolg haben? Beantworte die Frage mit Hilfe des Textes. Notiere Stichpunkte.

2 Welche allgemeinen Kriterien müssen bei Bewerbungsunterlagen immer eingehalten werden?

Die persönliche Situation einbeziehen

Formulierungen mit persönlicher Note

Um den Personalchef von eurer Eignung für den gewählten Beruf zu überzeugen, ist es wichtig, dass ihr vor allem bei der Begründung der Berufswahl nicht nur Standardsätze verwendet.

Standardformulierung	Formulierung mit „persönlicher Note"
Im BIZ habe ich mich über den Beruf eines Malers informiert. Dieser Beruf hat mich schon lange interessiert.	Auch im BIZ habe ich mich eingehend mit den Aufgaben und Tätigkeiten des Berufes Maler und Lackierer beschäftigt. Der Umgang mit Farben bereitet mir Freude und mich interessiert besonders, wie man mit Farben eine besondere Raumatmosphäre schaffen kann.
In meinem einwöchigen Praktikum habe ich einen ersten Eindruck von der Arbeit eines Malers bekommen.	…
Meine Lieblingsfächer in der Schule sind Kunsterziehung und GtB.	…

Tipp
Nimm „Beruf aktuell" zu Hilfe!

Merke!
Elemente einer Begründung:
- Interesse
- Erfahrung
- Praktika
- Arbeitsamt
- Berufsberatung
- BIZ
- Beruf aktuell
- Hobbys
- Eignung
- Besondere Schulfächer
- Freizeit

1 a) Schreibe die Standardformulierungen so um, dass deine persönliche Note zu bemerken ist.

b) Was spricht für bzw. gegen Standardformulierungen in der Bewerbung? Besprich das mit einem Partner.

2 Verfasse ein vollständiges Bewerbungsschreiben passend für deine Situation. Wenn du weißt, dass ein Betrieb in deinem Wunschberuf ausbildet, solltest du dich schnellstmöglich schriftlich bewerben.

3 a) Gestaltet für eure Bewerbungsmappen Extra-Seiten, wie sie im Text auf S. 33, Z. 94–105 beschrieben sind.

b) Besprecht die Ergebnisse in der Klasse.

Der Lebenslauf

Der Lebenslauf ist ein wichtiger Teil deiner Bewerbung. In der Regel wird er in tabellarischer Form und am Computer geschrieben verlangt. Der Lebenslauf muss sorgfältig gegliedert und fehlerfrei erstellt werden.

1 a) Informiere dich darüber, wie ein tabellarischer Lebenslauf aufgebaut sein kann.

b) Erstelle einen eigenen vollständigen Lebenslauf. Achte auf die äußere Form. Entwirf mit Hilfe des Beispiels von unten mehrere Gestaltungsversuche.

Eine optimal gestaltete Bewerbungsmappe zusammenstellen

Tipp

Gestaltung des Lebenslaufs
- Verwende weißes DIN-A4-Papier.
- Wähle eine angemessene Schriftart.
- Nutze die Tabulatortaste für eine übersichtliche Anordnung.

LEBENSLAUF

Persönliche Daten

Name:	Leo Testner
Anschrift:	Am Höchberg 12
	97082 Würzburg
Geburtsdatum:	8. April 1991
Geburtsort:	Würzburg
Eltern:	Rainer Testner, Drucktechniker
	Andrea Testner, Krankenschwester
Geschwister:	Klara (14), Schülerin
	Malte (11), Schüler

Schulbildung

Schullaufbahn:	1997–2001 Walther-Grundschule Würzburg, seit September 2001 Hauptschule Birkenstadt
Schulabschluss:	Juli 2006, voraussichtlich qualifizierender Hauptschulabschluss

Interessen, Kenntnisse

Ferienjobs:	Juli 2005, Praktikum in der Rot-Kreuz-Klinik Würzburg,
	Mai 2004, Lagerarbeit Neubert Würzburg, 3 Wochen
Hobbys:	Computer, Fußball spielen
Ehrenamtliche Tätigkeiten:	Leiter einer Jugendgruppe

Leo Testner

Würzburg, 19. Januar 2006

Eine optimal gestaltete Bewerbungsmappe zusammenstellen

Die Bewerbungsmappe

Beachte, dass die Firmen unterschiedliche Wünsche bezüglich der Bewerbungsunterlagen haben. Kläre dies im Vorfeld ab!

1 Lege die Reihenfolge der folgenden Teile einer Bewerbungsmappe so fest, wie du sie in einem Klemmhefter einordnen würdest.

- Bescheinigungen über Praktika, Vereinstätigkeiten, ehrenamtliche Tätigkeiten, Ferienjobs usw.
- Lebenslauf mit Passbild
- Deckblatt, auf dem der Inhalt der Bewerbungsmappe aufgeführt ist
- Zeugnis, meist das letzte Halbjahreszeugnis
- Bewerbungsschreiben mit allen Angaben

Tipp
- Verschicke keine Originale.
- Verwende keine Automatenbilder.

Tipp
Das Lichtbild wird entweder auf dem Deckblatt oder auf dem Lebenslauf befestigt. Verwende keinen Ausdruck von einem Foto, nur ein Original.

```
                    BEWERBUNG
um:                 einen Ausbildungsplatz

                    als Industriemechaniker

Name:       Leo Testner

Anschrift:  Am Höchberg 12
            97082 Würzburg
            Tel. 0931-381538

Anlagen:    Lebenslauf
            Zeugnis der 8. Klasse
```

2 Gestaltet mit dem Computer verschiedene Entwürfe für Deckblätter und wählt geeignete aus.

Checkliste: Bewerbungsmappe

Eine optimal gestaltete Bewerbungsmappe zusammenstellen

Äußere Form der Mappe
- in Klemm- oder Schnellhefter einordnen
- DIN-A4-Papier weiß verwenden
- Abschnitte setzen
- keine Tippfehler, keine Korrekturen
- Unterschrift mit Füller
- Reihenfolge der einzelnen Papiere einhalten
- Seitenränder einhalten
- klares, sauberes Schrift- und Druckbild
- aktuelles Passbild

Inhalt der Schreiben (Bewerbung, Lebenslauf)
- Absender
- Anschrift
- aktuelles Datum
- Betreff
- Anrede
- Begründung für die Bewerbung
- Kenntnisse und Fähigkeiten
- richtige, vollständige Angaben
- Lieblingsfächer
- Unterschrift
- Bescheinigungen und Zeugnisse

Sprache und Stil
- Rechtschreibung kontrollieren
- vollständige Sätze formulieren
- Anredepronomen großschreiben
- Wortwahl überprüfen

Versendung
- DIN-B4-Umschlag verwenden
- ausreichend frankieren
- Absender, Adresse überprüfen
- rechtzeitig abschicken

Bewerbungen im Internet

1
a) Welche Vorteile kann eine Bewerbung per E-Mail bieten?

b) Für die Bewerbung per E-Mail gelten die gleichen Regeln wie bei der klassischen Bewerbung. Wiederhole die unverzichtbaren Angaben eines Bewerbungsschreibens und des Lebenslaufes.

c) Begründe folgende Ratschläge:

auf jeden Fall	auf keinen Fall
Bewerbung an einen konkreten Ansprechpartner senden	eine Serien-E-Mail verschicken
Seiten gut gliedern	coole E-Mail-Adressen verwenden, wie z. B. dieschnuffies@t-online.de
Zeugnisse und Bescheinigungen in digitaler Form anhängen	schlampig und unkonzentriert arbeiten
nachfragen, mit welchem Computer-System das Unternehmen arbeitet	Betreff-Zeile weglassen
am besten „.doc", „.tzt" oder „.rtf" nutzen	Abkürzungen oder gar Smileys verwenden
regelmäßig den eigenen Mail-Briefkasten leeren	Massenmailings durch Angabe der übrigen Adressaten im CC-Feld erkennen lassen
gründlich korrigieren lassen	

d) Schreibe eine „Probe-Bewerbung" per E-Mail. Nutze die Angaben aus einer Stellenanzeige von Seite 28.

Tipp
Schicke parallel eine Bewerbung auf dem Postweg, nur so kommen Foto und Zeugnisse zur Geltung!

Das Vorstellungsgespräch

Gesprächsverhalten für Bewerbungsgespräche

Die Einladung zum Vorstellungsgespräch ist deine Chance. Denn jetzt hast du die Möglichkeit, einen guten Eindruck zu hinterlassen. Es ist erwiesen, dass etwa die ersten 30 Sekunden einer Begegnung entscheidend sind, den Personalchef von dir zu überzeugen.

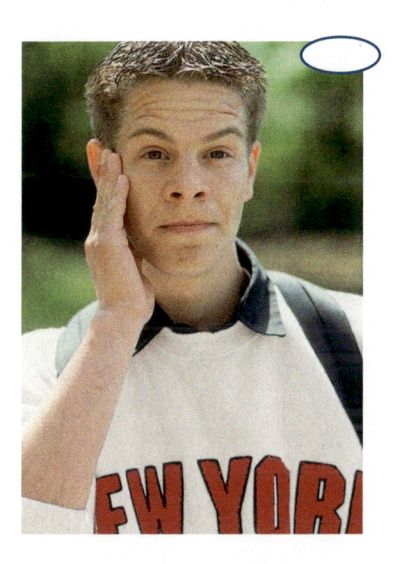

*Was soll ich anziehen?
Was werden die alles fragen?
Wie läuft eigentlich ein solches Gespräch ab?
Kann ich mich vorbereiten?*

1 Sucht Antworten auf die Fragen in der Gedankenblase.

2 a) Betrachte die einzelnen Bewerber genau. Wem würdest du zu einem anderen Outfit raten? Begründe deine Entscheidung.

b) Beschreibt ein passendes Outfit für folgende Ausbildungsstellen: Friseur/Friseurin, KFZ-Mechaniker/KFZ-Mechanikerin, Einzelhandelskaufmann/Einzelhandelskauffrau in einer Modeboutique, Florist/Floristin

Tipp
Outfit: gesamtes Äußeres, äußeres Erscheinungsbild

Gesprächsverhalten für Bewerbungsgespräche

Tipp
- Kleidung
- Bewegung
- Mimik
- Gestik
- Verhalten
- Sprechweise

Weitere Hinweise:
- ausgeruht sein
- pünktlich sein
- Kopien der Bewerbungsunterlagen mitnehmen

3 Überlegt gemeinsam, was man beachten sollte, wenn man sich auf ein Vorstellungsgespräch vorbereitet. Formuliert Tipps mit Hilfe der Punkte in der Randspalte.

4 Sammelt Höflichkeitsregeln für den gesamten Ablauf des Gesprächs.

START Anklopfen: Man muss zuerst ... und dann...
Begrüßen: ...
Sich vorstellen: ...
Platz nehmen: ...
...
Sich verabschieden: ...

5 a) Beschreibe die Körpersprache der Bewerberin und des Personalchefs. Was würdest du in der Rolle eines Personalchefs/einer Personalchefin von deinem Gegenüber erwarten?

b) Stellt die folgenden Körperhaltungen nach. Verändert sie so, dass der Bewerber/die Bewerberin einen guten Eindruck hinterlässt.

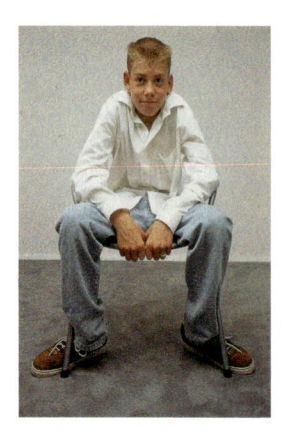

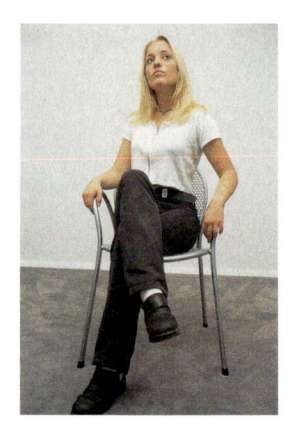

Gesprächsverhalten für Bewerbungsgespräche

6 Ein Vorstellungsgespräch kann zwischen 20 und 90 Minuten dauern. Viel Zeit also, um Fragen zu stellen. Zu folgenden Themenbereichen werden meist Fragen gestellt:

| A Berufswahl und Firma | B Lebenslauf und Schule |
| C Freizeit und Interessen | D Persönlichkeit und Fähigkeiten |

> **Tipp**
> Informiert euch auch beim Berufsberater und im Internet.

a) Formuliert weitere mögliche Fragen zu den einzelnen Themenbereichen.

   A: Warum wollen Sie gerade diesen Beruf erlernen?
      Warum haben Sie sich gerade hier beworben?
   B: Welche Fächer machen Ihnen in der Schule am meisten Spaß?
      Wie stellen Sie sich die nächsten fünf Jahre Ihres Lebens vor?
   C: Was machen Sie in Ihrer Freizeit am liebsten?
   D: Wo sehen Sie Ihre Stärken und Schwächen?

b) Im Vorstellungsgespräch solltest du dich nicht nur ausfragen lassen, sondern auch selbst aktiv werden und Fragen stellen. Welchen Eindruck hinterlassen diese Fragen?

   Wie viel Urlaub habe ich? *Wie viel Geld bekomme ich?*

c) Sammelt Fragen, die euch für ein Vorstellungsgespräch geeignet erscheinen.

d) Stellt eure Fragen in der Klasse vor und wertet sie gemeinsam aus.

e) Spielt mehrere Vorstellungsgespräche in Form eines Rollenspiels durch. Achtet dabei auch auf die Körpersprache. Nehmt die Gespräche, wenn möglich, mit einer Videokamera auf.

f) Wertet die Gespräche in der Klasse aus. Lasst zunächst die Rollenträger/innen zu Wort kommen. Die Zuschauer/innen sollen begründen, was gelungen ist, und was verbessert werden sollte.

Gesprächsverhalten für Bewerbungsgespräche

7 Bereite dich selbst auf ein Vorstellungsgespräch vor.

a) Was willst du im Gespräch erfahren?
Schreibe deine Fragen in Stichpunkten auf.

(START)
- Ausbildungsdauer?
- Ausbildung an verschiedenen Orten?
- Berufsschulunterricht?
- …

b) Vergleiche deine Stichpunkte mit folgenden Fragen und ergänze sie, wenn nötig.

c) Einige der Fragen eignen sich nicht für ein Vorstellungsgespräch. Welche nicht? Warum?

Tipp

Bereite dich vor:

Standort der Firma
- Weg zur Firma (Stadtplan)
- Erreichbarkeit mit öffentlichen Verkehrsmitteln (Fahrpläne)
- Gebäude der Personalabteilung (beim Pförtner erfragen)

Informationen über die Firma besorgen (aus Firmenprospekten, vom Arbeitsamt, von der IHK usw.)
- Produkte
- Zahl und Orte der Niederlassungen
- Zahl der Mitarbeiter

Eigene Fragen
- auf Stichpunktzettel notieren

---

1. Wie viele Auszubildende hat der Betrieb? Lernt man den ganzen Betrieb kennen?

2. Welche beruflichen Möglichkeiten gibt es nach dem Abschluss der Ausbildung?

3. Wann kann ich den ersten Urlaub nehmen?

4. Haben Sie besondere Sozialleistungen für Ihre Mitarbeiter? Geben Sie beispielsweise einen Zuschuss zum Mittagessen oder zu den Fahrtkosten?

5. Wie viel werde ich verdienen?

6. Wann sind denn hier die Pausen? Gibt es eine Kantine?

7. In welche Berufsschule werde ich gehen und wie oft ist dort Unterricht?

8. Wie ist die Arbeitszeit geregelt?

9. Besteht die Möglichkeit, nach der Ausbildung vom Betrieb übernommen zu werden? Wann und wie wird darüber entschieden?

10. Kann ich donnerstags früher gehen, weil ich Training habe?

11. Bietet der Betrieb eigene Fortbildungen für seine Mitarbeiter/-innen an?

12. Wann erfahre ich von Ihnen, ob Sie mich nehmen oder nicht? Wie sind meine Chancen? Gibt es eine Probezeit?

Vorstellungsgespräche in Gruppen

Gesprächsverhalten für Bewerbungsgespräche

Einige Firmen laden mehrere Bewerberinnen und Bewerber gleichzeitig zu Gruppengesprächen ein. Häufig wird der Gruppe eine konkrete Aufgabe gestellt, die gemeinsam zu lösen ist.

1 a) Warum nutzen die Firmen diese Art von Vorstellungsgespräch? Notiert mögliche Antworten in Stichpunkten.

b) Bildet eine Gruppe von sechs bis zehn Teilnehmenden. Wählt für die Gruppe eine Aufgabenstellung von unten aus. Alle anderen nehmen die Beobachterrolle ein.

Tipp
Vereinbart für die Gruppengespräche eine bestimmte Zeit, z. B. 10 Minuten.

Beobachtungsaufgaben:
- Wer macht gute Vorschläge? (Eigeninitiative)
- Wer kann seine Meinung begründen? (Argumentationsgeschick)
- Wer wirkt sicher? (Selbstsicherheit)
- Wer kann gut auf andere eingehen und ist zur Zusammenarbeit fähig? (Teamfähigkeit)
- Wer hält Gesprächsregeln ein? (Sozialverhalten)

„Einsame Insel"
Aufgabe 1: Stellen Sie sich vor, Sie sind auf einer einsamen Insel gestrandet. Welche 10 Gegenstände würden sie sich wünschen, die Ihnen das Überleben erleichtern.
Aufgabe 2: Suchen Sie aus ihren 10 Gegenständen die drei wichtigsten heraus.
Aufgabe 3: Tauschen Sie sich mit den anderen Gruppenmitgliedern aus, diskutieren Sie und einigen Sie sich auf insgesamt 5 Gegenstände.

„Klassenfahrt"
Stellen Sie sich vor, Sie wollen einen Klassenausflug unternehmen. Diskutieren Sie, wohin Sie gerne fahren möchten und einigen Sie sich auf ein Ziel.

„Firma gründen"
Stellen Sie sich vor, Sie wollen eine Firma gründen. Überlegen Sie gemeinsam, welches Produkt Sie herstellen oder verkaufen möchten und einigen Sie sich auf einen Namen für Ihre Firma.

c) Wertet in der Klasse das Gruppengespräch aus.

Standardisierte Schreiben verfassen

Einen Sachtext erschließen

> **Tipp**
> Informationen der Verbraucherzentralen:
> www.vz-rlp.de
> (Download für 0,50 €)
> oder unter
> 01805 - 75607550
> (12 Cent pro Minute).

> **Tipp**
> „Abo" = Abonnement durch Vorauszahlung gesicherter Dauerbezug von z. B. Zeitschriften oder Veranstaltungskarten

Handy-Abos werden zur Kostenfalle
Dienstanbieter kommen auf immer neue Tricks, um Jugendliche abzuzocken

Nürnberg – „Cool, das Handy, man kann sogar damit bezahlen", jubeln Jugendliche. Doch Vorsicht: Das kann teuer werden. Unseriöse Firmen haben nämlich eine neue,
5 lukrative Marktlücke entdeckt – sie bieten im Internet verschleierte Abos an, die per Handy bezahlt werden. Besonders aktiv sind Betreiber von Spielen, von Horoskopen, Klingeltönen und sogar von Kochrezepten.
10 Viele dieser Anbieter setzen das so genannte Handy-Payment als neue Abrechnungsmethode ein – also das Bezahlen mit dem Handy. „Wer bei diesem Bezahlsystem nicht genau aufpasst, hat schnell ein teures Abo mit
15 Tagespauschalen von beispielsweise 9,98 Euro abgeschlossen", warnt Barbara Steinöfel, die als Referentin für Kommunikation und Medien in der Verbraucherzentrale Rheinland-Pfalz arbeitet. Im Monat könnten so
20 leicht 300 Euro fällig werden. Eine besonders beliebte Zielgruppe sind Schüler. So haben Verbraucherschützer auch Anbieter von Referaten und von Hausaufgaben im Visier.
  Selbst Prepaid-Karten bieten keinen
25 Schutz. Denn das Abo läuft weiter. Sobald das Guthaben mit einer Prepaid-Karte neu aufgeladen wird, wird es auch gleich wieder von der Karte abgebucht. „Mit dieser neuen Masche wird offensichtlich versucht, die
30 strengeren Regeln für 09009-Dialer zu umgehen", sagt Steinöfel. Seit dem 17. Juni müssen Verbraucher vor einer 09009-Einwahl klar und deutlich über die meist hohen Kosten informiert werden.

35 **Verschleiert**
Eigentlich, denn trotz der Gesetzesverschärfung funktioniert das heimliche Abo per Handy: Die Schüler geben auf einer entsprechenden Webseite im Internet ihre Handynummer
40 an und erhalten dann per SMS ihren persönlichen Zugangscode. Diese SMS enthält aber keine Aussagen über die Laufzeit des Abos, über Kündigungsmöglichkeiten oder Geschäftsbedingungen. In einer zweiten SMS
45 wird dann das Abo bestätigt und erst in einer dritten SMS erfolgt ein Link zu einer Seite, in der das dubiose Abo verwaltet und gekündigt werden kann.
  Die Verbraucherzentrale kritisiert, dass
50 etliche Webseitenbetreiber nicht einzelne Leistungen abrechnen, sondern Kunden in Abo-Verträge locken, ohne klar auf die Abonnement-Verpflichtung hinzuweisen. Barbara Steinöfel befürchtet, dass „verstärkt Kinder
55 und Jugendliche Zielgruppe der Anbieter werden". Kids sind erfahrungsgemäß eher bereit, sich auf neue innovative Zahlungsmethoden einzulassen, sind sich aber über Risiken und Folgekosten oft nicht im Klaren.
60 Um unliebsamen Überraschungen vorzubeugen, rät die Verbraucherzentrale allen Eltern dringend, ihre Kinder auf diese Probleme und Kostenrisiken hinzuweisen. Jeder sollte die Angebote und Konditionen genau prüfen
65 und sich umfassend informieren, bevor er Angebote im Internet über das Handy bezahlt.

Eltern sollen zahlen – was tun?
Hat ein Minderjähriger ohne Zustimmung der Eltern ein Abo abgeschlossen, ist der
70 Vertrag nach Auffassung von Verbraucherschützern „schwebend unwirksam". Eltern können daher nachträglich die Genehmigung verweigern. Wer auf unklare oder fragwürdige Angebote stößt oder solche in Anspruch
75 genommen hat, kann sich bei jeder Verbraucherzentrale Rat holen.

Einen Sachtext erschließen

1 Den Text verstehen

a) Lies den Text aufmerksam und kläre unbekannte Wörter aus dem Textzusammenhang oder mit Hilfe eines Wörterbuches.

b) Die folgenden Begriffe kommen im Text als Fremdwörter vor. Ordne sie entsprechend zu und nenne die Zeile.

gewinnbringend   *fortschrittlich*   *nicht anständig*

Bedingungen   *nicht vertrauenswürdig*

c) Der Autor verwendet Fachbegriffe aus den Bereichen Handy und Internet. Erkläre die folgenden Begriffe mit eigenen Worten. Suche Erklärungen, die so kurz und genau wie möglich sind.

Prepaid (Z. 24)   Dialer (Z. 30)
Zugangscode (Z. 41)   Link (Z. 46)
Handy-Payment (Z. 11)

2 Informationen aus dem Text entnehmen

a) Erkläre, mit welchem neuen Trick Diensteanbieter versuchen, teure Abonnements zu verkaufen.

b) Beschreibe mit eigenen Worten, wie ein Kunde ein Abonnement per Handy abschließen kann.

c) Wie kann man sich vor diesen Verträgen und den damit verbundenen Kosten schützen?
Zitiere die entsprechende Textstelle und nenne die Zeile.

d) Minderjährige stehen unter einem besonderen Schutz. Suche die Textstelle und wiederhole den Inhalt mit eigenen Worten.

3 Sich über den Text hinaus informieren

a) Besonders Jugendliche sind gefährdet, diese teuren Handydienste in Anspruch zu nehmen. Sucht eine Begründung hierfür im Text. Sucht über den Text hinaus weitere Gründe, die diese These bestätigen.

b) Informiert euch über die neuesten Entwicklungen auf dem Handy-Markt. Stellt diese der Klasse vor.

Richtig zitieren ▶ S. 96 f.

Ein Kündigungsschreiben vorbereiten

Ayse (15) hat über das Internet am 20.06.2006 ein Spieleabonnement bei der Firma „Crazy3Games" abgeschlossen, ohne Einwilligung ihrer Eltern. Als sie ihre Handyrechnung für Juni bekommt, wird deutlich, dass sie für das Abo pro Tag 5 € zahlen muss. Dies übersteigt bei weitem ihr monatliches Taschengeld von 25 €. Sie will das Spieleabonnement sofort kündigen.

BGB   1. Buch Allgemeiner Teil

Dritter Abschnitt. Rechtsgeschäfte

Erster Titel. Geschäftsfähigkeit

[…]

§ 106. [Beschränkte Geschäftsfähigkeit Minderjähriger] Ein Minderjähriger, der das siebente Lebensjahr vollendet hat, ist nach Maßgabe der §§ 107 bis 113 in der Geschäftsfähigkeit beschränkt.

[…]

§ 110. [„Taschengeldparagraph"] Ein von dem Minderjährigen ohne Zustimmung des gesetzlichen Vertreters geschlossener Vertrag gilt als von Anfang an wirksam, wenn der Minderjährige die vertragsmäßige Leistung mit Mitteln bewirkt, die ihm zu diesem Zwecke oder zu freier Verfügung von dem Vertreter oder mit dessen Zustimmung von einem Dritten überlassen worden sind.

§ 111. [Einseitige Rechtsgeschäfte] Ein einseitiges Rechtsgeschäft, das der Minderjährige ohne die erforderliche Einwilligung des gesetzlichen Vertreters vornimmt, ist unwirksam. Nimmt der Minderjährige mit dieser Einwilligung ein solches Rechtsgeschäft einem anderen gegenüber vor, so ist das Rechtsgeschäft unwirksam, wenn der Minderjährige die Einwilligung nicht in schriftlicher Form vorlegt und der andere das Rechtsgeschäft aus diesem Grunde unverzüglich zurückweist. Die Zurückweisung ist ausgeschlossen, wenn der Vertreter den anderen von der Einwilligung in Kenntnis gesetzt hatte. […]

Ein Kündigungsschreiben vorbereiten

1 Den Gesetzestext verstehen

a) Klärt die Fachbegriffe der nebenstehenden Wortliste. Besprecht eure Lösungen in der Klasse.

b) Erklärt den Inhalt der drei Paragrafen mit eigenen Worten. Notiert Stichpunkte und vergleicht eure Erklärungen dann in der Klasse.

c) Schreibt eine „Übersetzung" der drei Paragrafen. Vermeidet dabei die Fachbegriffe.

START Bürgerliches Gesetzbuch, § 106: Kinder und Jugendliche zwischen 7 und 18 Jahren...

d) Beantwortet die folgenden Fragen schriftlich:
– Warum ist der Abschluss des Spieleabonnements rechtlich nicht gültig?

START Der Abschluss ist rechtlich nicht gültig, da...

– Unter welchen Voraussetzungen wäre ein Abschluss rechtlich gültig gewesen?

START Der Abschluss wäre gültig, wenn...

2 Den Inhalt des Kündigungsschreibens vorbereiten

a) Womit kann Ayse ihre Kündigung rechtlich begründen? Sammle verschiedene Begründungen. Formuliere Sätze.

START Der Abschluss des Spieleabonnements ist nicht gültig, da Ayse...
Ayse kann ihre Kündigung rechtlich begründen mit der Tatsache, dass...
Ayse darf kündigen, weil...

b) Überlegt, was ein Kündigungsschreiben zusätzlich beinhalten muss.

c) Verfasst ein Kündigungsschreiben. Stellt eure Schreiben in der Klasse vor und besprecht sie. Vergleicht sie anschließend mit dem Schreiben der folgenden Seite.

BGB
Geschäftsfähigkeit
Minderjähriger
gesetzlicher Vertreter
Rechtsgeschäft
Mittel zur freien Verfügung
Mittel zu diesem Zwecke
Einwilligung
schriftlich in Kenntnis setzen

Eine Kündigung schreiben

Ayse will nun schriftlich das Spieleabonnement kündigen. Ein Brief an eine Firma oder auch an eine Behörde sollte in einer bestimmten äußeren Form geschrieben werden.

> **Merke!**
>
> **Standardisiertes Schreiben**
> - Absender
> - Anlass des Schreibens
> - Adressat
> - Anrede
> - Anliegen möglichst sachlich und höflich formulieren
> - Grußformel
> - Unterschrift
> - Ggf. Hinweis auf Anlagen

Anredepronomen
▶ S. 120

1 Ayse Gün
In der Gasse 29
99123 Großgscheidt

ayse.␣gün@gmz.net

2 Crazy3Games GmbH
Am Stich 5
66887 Ulmet
www.crazy3games.de

3 5.7.2006

4 Kündigung: Spieleabonnement

5 Sehr geehrte Damen und Herren,

6 am 20.6.2006 habe ich bei Ihnen ein Spieleabonnement abgeschlossen. Dies möchte ich hiermit kündigen.
Die erste Abrechnung zeigte, dass ... Die Kosten übersteigen ... Der Abschluss des Spieleabonnements ist damit nicht gültig. Im Paragraf ...

Für Ihre Bemühungen bedanke ich mich schon im Voraus.

7 Mit freundlichen Grüßen

8 *Ayse Gün*

9 Anlagen:

1 Das Kündigungsschreiben vervollständigen

a) Ergänze das nebenstehende Schreiben. Schreibe den Brief gegebenenfalls mit dem Computer.

b) Suche für die Angaben 1 bis 8 der Kündigung ein passendes Stichwort. Die Begriffe des Merkzettels können dir helfen.

2 Ein eigenes Kündigungsschreiben verfassen

a) Du hast dich bei einem Tanzkurs angemeldet und willst kündigen. Schreibe eine Kündigung und begründe mit Hilfe der passenden Paragrafen. Nutze dazu diese Informationen:

- Tanzschule „Flotter Schuh", Musikgasse 3, 90564 Trottheim
- Anmeldung am 31.1.2006 — Kosten für den Grundkurs: 100 €
- Anmeldung bei einer Probetanzstunde in der Schule
- Beginn: 1.3.2006 — Kursdauer: 10 mal 1,5 Std.

b) Prüft, ob die Begründung überzeugt und das Kündigungsschreiben vollständig ist.

3 Ein Angebot bewerten

Ayse erhält eine Antwort der Firma per E-Mail.

a) Welche Absicht steckt hinter dieser E-Mail?

b) Muss Ayse antworten? Wurde ihre Kündigung angenommen? Versucht, diese Fragen zu klären.

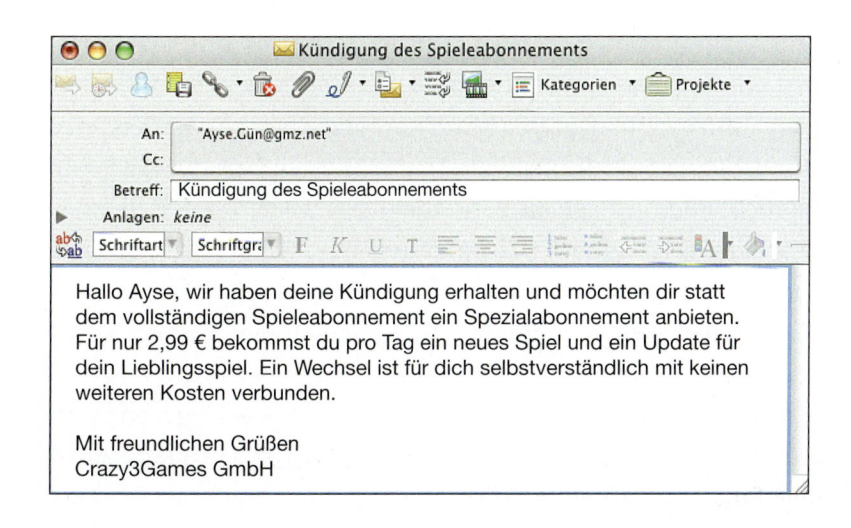

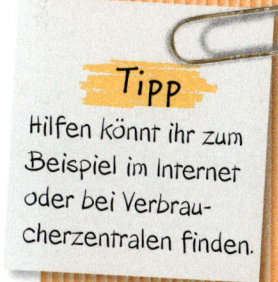

An: "Ayse.Gün@gmz.net"
Cc:
Betreff: Kündigung des Spieleabonnements
Anlagen: keine

Hallo Ayse, wir haben deine Kündigung erhalten und möchten dir statt dem vollständigen Spieleabonnement ein Spezialabonnement anbieten. Für nur 2,99 € bekommst du pro Tag ein neues Spiel und ein Update für dein Lieblingsspiel. Ein Wechsel ist für dich selbstverständlich mit keinen weiteren Kosten verbunden.

Mit freundlichen Grüßen
Crazy3Games GmbH

> **Tipp**
> Hilfen könnt ihr zum Beispiel im Internet oder bei Verbraucherzentralen finden.

Einen literarischen Text erschließen

Erzählen

Einen literarischen Text erschließen

Tipp
*Angola: Staat im Südwesten Afrikas

Tipp
*1 Mark entspricht 0,51 Euro

Marcus Jauer
Nicht zu wissen, wohin …

In fünf Minuten würde sie zuschließen und sich auf den Weg machen. Am Fluss entlang zur S-Bahn laufen und aus der Stadt hinaus nach Hause fahren. Sie würde die Bettdecke
5 vor den Fernseher tragen, den Ton ausstellen und die Musik an. So würde sie einschlafen. Wenn nicht jetzt noch jemand kommt. Es sah nicht danach aus heute Abend. Wer schaut sich schon einen angolanischen* Dokumentarfilm in der Spätvorstellung an. [...] Außerdem waren die Sitze durchgesessen, die Leinwand winzig. [...] Siebzig
10 Mark* zahlte er ihr jeden Abend. Egal, ob jemand kam. Es war kein schlechter Job.
Sie hatte gerade abgeschlossen, als es an die Tür klopfte. Er hatte die Gestalt eines großen, traurigen Vogels. Seine Schultern hingen nach unten und die Hände steckten tief in den Taschen. Sie hätte mit dem
15 Kopf schütteln können oder auf ihre Uhr zeigen. Aber er sah aus, als wisse er nicht, wohin er sonst sollte.
„Bist aber der Einzige, sonst ist keiner da."
„Läuft der Film denn trotzdem?"
„Ja. Kostet zehn Mark*, kannst dir aussuchen, wo du sitzt."
20 Er lächelte und sagte, er sei noch nie allein im Kino gewesen. Sie lächelte nicht und meinte, wenn was ist, könne er ja rufen. Dann ging sie den Filmapparat einschalten und sah durch das kleine Fenster, wie sich der traurige Vogel in der Mitte der Sitzreihen niederließ.
Komisch. Sie hätte sich nie allein in ein Kino gesetzt. Sie wäre über-
25 haupt nicht allein weggegangen. Aber sie musste es auch nicht, irgendeinen Jungen hatte es immer gegeben. Gut, vielleicht nicht in den letzten Wochen. Er hatte nicht mehr angerufen und sie hatte sich nicht mehr getraut. Die Zahlen hatten auch gesagt, dass sie es lassen sollte. Und sie hörte fast immer auf die Zahlen bei solchen Sachen.
30 Es war ganz einfach: Ungerade Zahlen bedeuteten Ja, gerade Zahlen bedeuteten Nein. Seinetwegen war sie damals extra zu dem Aussichtsturm gefahren, draußen auf dem Hügel am Rande der großen Stadt. Es

waren 138 Stufen bis ganz nach oben gewesen. 138. Gerade. Also nein. Also nicht mehr anrufen. Sie hatte zwar das Gefühl gehabt, es war die falsche Entscheidung. Aber der Turm hatte nun mal 138 Stufen. [...] Seit sie mit den Zahlen angefangen hatte, schien es immer Sachen zu geben, bei denen genauso viele Gründe für etwas sprachen wie dagegen. Heute hatte sie sich nach dem Aufstehen gefragt, ob es ein guter Tag werden würde. Einundzwanzig Sprossen hatte das Laufrad ihres Hamsters gehabt. Einundzwanzig. Ungerade. Ein guter Tag also. Er war fast vorbei und gestimmt hatte es nicht. Wegen eines einzigen Besuchers hatte sie hier im Kino bleiben müssen.

Endlich war der Film aus. Sie öffnete die Tür, ging die Sitzreihen entlang nach unten, und als sie auf seiner Höhe war, sah sie, dass er schlief. Er war in seine Jacke hineingerutscht, sein Kopf lag auf der Seite. Das Gesicht war schmal, die Nase ein bisschen groß, der Mund ganz schön. Über dem linken Auge hatte er eine kleine Narbe. [...] Sie hielt ihre Hände ganz dicht an sein Ohr und klatschte sie mit ganzer Kraft zusammen. Er schreckte hoch und sein Knie knallte gegen den Getränkehalter. Es muss sehr wehgetan haben, aber jetzt war er wach. „Tut mir leid", sagte sie, „du hast geschlafen und ich will nach Hause. Geht's wieder?" Als er zur Tür ging, humpelte er noch ein wenig. Sie säuberte die Popcorn-Maschine und löschte überall das Licht. Dann setzte sie den Walkman auf und lief den Fluss entlang zur S-Bahn. Es war jetzt kurz nach elf.

Der Bahnsteig war leer. Nur auf der letzten Bank saß jemand und ein paar Schritte weiter erkannte sie ihn. Er war wieder in die Jacke hineingekrochen, nur die blonden Haare schauten heraus. Vielleicht sollte sie ihn noch mal wecken. Doch als sie neben ihm stand, schlug er die Augen auf.

„Schläfst du schon wieder?"

„Dafür sind die Schmerzen noch zu groß."

„Tut mir leid. Hat dir der Film wenigstens gefallen?"

„Ich kenne das Ende ja nicht."

„Soll ich es dir erzählen?"

Als die S-Bahn kam, hatte sie gerade erst herausgefunden, an welcher Stelle er eingeschlafen war. „Ich muss", sagte sie und stand auf.

„Und das Ende?"

„Kannst ja eine Station mitkommen."

Er streckte ihr die Hand entgegen. „Hilfst du mir? Weißt ja, das Bein." Sie lächelte und nahm seine Hand. Sie war warm. Und seine Augen waren grau und blau.

Einen literarischen Text erschließen

1 Den Text verstehen

a) Lies den Text genau und kläre unbekannte Wörter.

b) Beantworte die folgenden Fragen, ohne im Text nachzuschauen. Notiere deine Antworten in knapper Form:
- Warum erwartet sie keinen Besucher mehr?
- Welche Rollen spielen Zahlen in ihrem Leben?
- Warum humpelt er?
- Was geschieht, als sie ihn dann wiedertrifft?

c) Besprich deine Antworten mit deinem Partner.

2 Informationen über die Figuren aus dem Text sammeln

a) Wähle eine Textfigur aus. Schreibe aus dem Gedächtnis möglichst viele Stichpunkte zu ihr auf.

b) Lies noch einmal im Text auf S. 50–51 nach. Ergänze deine Notizen und korrigiere gegebenenfalls. Gib auch die passenden Textstellen an.

c) Tauscht eure Informationen in der Gruppe oder in der Klasse aus.

3 Die Figuren genauer kennen lernen

a) Besprecht in der Klasse den nachfolgenden Cluster. Sucht weitere Begriffe, die in die gelben Felder passen.

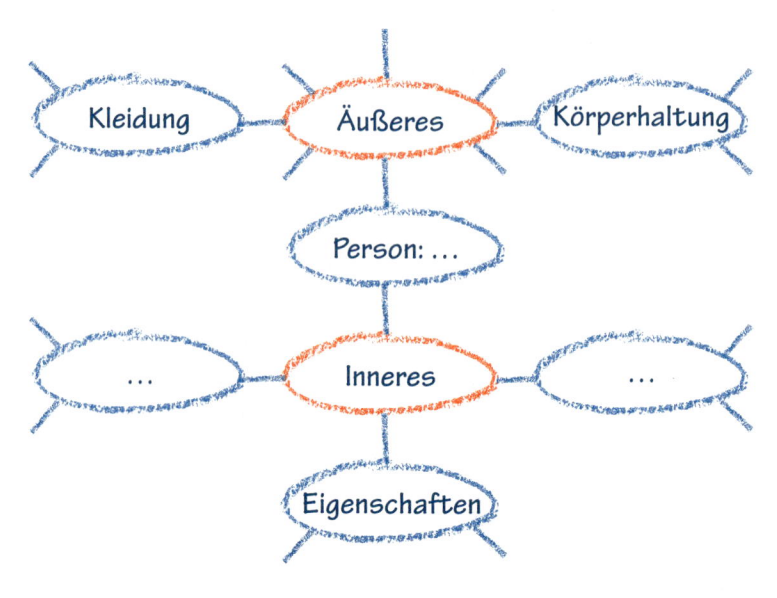

b) Wählt eine Person aus dem Text aus. Ergänzt den Cluster.

Kleidung — Äußeres — Körperhaltung

Person: …

… — Inneres — …

Eigenschaften

52

Eine Rollenbiografie entwickeln

1 a) Entscheide dich für eine Figur aus dem Text.
Entwickle eine kurze Rollenbiografie.

(START) *Ich bin 17 Jahre alt und bessere mein Taschengeld mit einem Job im Kino auf. Ich arbeite dort an …*
In bin 17 Jahre alt und neu in dieser Stadt. Ich kenne noch niemanden. Es fällt mir schwer, neue Kontakte …

b) Tauscht eure Rollenbiografien aus. Überarbeitet gemeinsam.
- Was ist gelungen?
- Was kann man verbessern?
- Wie wahrscheinlich ist die Geschichte? Warum?
- Ist etwas unwahrscheinlich? Warum?

c) Stelle eine gelungene Rollenbiografie der Klasse vor. Versetze dich so gut wie möglich in die Figur. Passe deinen Vortrag in Lautstärke, Körperhaltung, Mimik und Gestik der Figur an. Bespreche und übe vorher in der Gruppe.

2 Die Gemeinsamkeiten der Figuren erkennen

a) Lest den Text noch einmal genau durch und sucht nach Gemeinsamkeiten der beiden Figuren.

b) Notiert diese mit den passenden Zeilenangaben.

Tipp

Für eine Rollenbiografie versetzt du dich intensiv in eine Figur. Mit Hilfe der Informationen aus dem Text sowie deiner eigenen Vorstellungskraft „erfindest" du das bisherige Leben/ die Biografie dieser Figur.

Den Text ausbauen

Den Text ausbauen

1 Die Erzählperspektive erkennen

a) Sammelt Unterschiede zwischen einem Ich-Erzähler und einem Er-Erzähler/einer Sie-Erzählerin.

b) Überfliege die Erzählung noch einmal. Aus welcher Sicht (= Perspektive) wird erzählt? Belege deine Aussage am Text.

c) Überlegt, welche Vor- und Nachteile die verschiedenen Erzählperspektiven haben.

> **Merke!**
> Der **Er-Erzähler**/ Die **Sie-Erzählerin** beobachtet die Figuren von außen, kann sich aber auch in ihr Inneres versetzen.

2 Verschiedene Erzählmittel untersuchen

a) Lies noch einmal die Zeilen 34–43. Wie lässt der Erzähler die Leserinnen und Leser am „Innenleben" seiner Figuren teilhaben?

b) „Er lächelte und sagte, er sei noch nie allein im Kino gewesen. Sie lächelte nicht und meinte, wenn was ist, könne er ja rufen." (Z. 20–21)
Der Autor will den Gegensatz zwischen den beiden deutlich darstellen. Wie gelingt ihm das? Begründe anhand des Textes.

c) Im Anschluss an die Aussage des Mädchens oben könnte sich ein innerer Monolog des Jungen anschließen. Gestalte einen möglichen inneren Monolog des Jungen (ca. eine halbe Heftseite).

(START) „Ich glaube, sie ist genervt, dass ich noch hierher gekommen bin. Aber ich ..."

> **Merke!**
> **Innerer Monolog =** stummes Selbstgespräch; Gefühle, Gedanken der Textfigur in diesem Moment

d) Der Erzähler verwendet das Erzählmittel der Rückblende, zum Beispiel in Z. 30–40. Welche Aufgabe erfüllt die Rückblende hier in diesem Text?

e) Lest noch einmal den Text. Welche Stilmittel erkennt ihr?

> wörtliche/indirekte Rede   komplizierte/einfache Wortwahl
>
> kurze/verschachtelte Sätze   namenlose Figuren/Figuren mit Namen
>
> gestaltete Einleitung/offener Anfang

Belegt eure Entscheidung am Text und beschreibt deren Wirkung. Notiert stichpunktartig.

Den Text ausbauen

3 Eine Vorgeschichte für das Mädchen entwerfen

a) Lies dir noch einmal die Rollenbiografie des Mädchens durch.

b) Schreibe möglichst verschiedene Ideen auf, was das Mädchen vor der Begegnung mit dem Jungen getan haben könnte.

c) Entscheide dich für eine Idee und schreibe sie stichpunktartig auf.

d) Stelle deine Idee der Klasse vor.

Tipp
Höre bei der Vorstellung der Ideen genau zu. Passt diese Idee gut zu der Figur?

4 Eine Fortsetzung für das Mädchen entwerfen

Sie sagte kurz „Tschüss" und …

Sie umarmte ihn plötzlich …

…

a) Lest noch einmal Zeile 66 bis 72. Wie geht es nun weiter? Sammelt mögliche Fortsetzungen. Notiert sie aus Sicht des Mädchens, also der Erzählperspektive der Sie-Erzählerin.

START *Gemeinsam gingen sie zur S-Bahn. Wenn er jetzt mitkommt, dachte sie, dann …*

b) Entscheidet euch für eine Fortsetzung. Stellt sie in der Klasse vor. Begründet, warum euch diese Möglichkeit am wahrscheinlichsten vorkommt.

Vorgeschichte   Geschichte   Fortsetzung

55

Den Text ausbauen

5 Einen Text verfassen

a) Entscheide dich, ob du eine Vorgeschichte schreiben möchtest oder eine Fortsetzung. Achte auf die Erzählperspektive.

b) Plane deinen Text mit Hilfe der folgenden Fragen. Mache dir Notizen.
- Welche Handlungsschritte folgen aufeinander?
- Welche erzählerischen Mittel können verwendet werden, damit die Geschichte zur Vorlage passt? (vgl. Aufgabe 2, S. 54)
- An welchen Stellen können Rückblenden eingebaut werden?
- Welche typischen Charaktereigenschaften der Figur(en) sollen deutlich herausgearbeitet werden?

Schreibangebot
- Sie verabschieden sich auf dem Bahnsteig und verabreden sich für den nächsten Tag. Als sie sich nachmittags am Kino treffen, ...
- Sie fahren mit der S-Bahn weiter. Der Junge erzählt ihr, was ihm an diesem Abend passiert ist. Er hat sich mit seinem Vater gestritten, weil ...
- Das Mädchen hat sich in den Jungen verliebt. Sie schreibt in ihr Tagebuch: ...
- Sie erzählt ihm, warum sie so viel jobben muss.
- Der Junge wohnt erst seit drei Wochen in der Stadt. Seine Eltern sind hierher gezogen, weil ...

c) Schreibe nun einen Entwurf deines Textes auf.

6 Zeitliche Abläufe unterschiedlich darstellen

a) Lies die Zeilen 65–72 noch einmal.

b) Schreibe – im Gegensatz zur Textstelle – die Situation so kurz wie möglich auf.

c) Besprich Wirkung und Absicht der jeweiligen Darstellungsweise mit einem Partner.

d) Gehe deinen Entwurf noch einmal durch. Prüfe, ob du zeitliche Abläufe bewusst ausdehnen oder verkürzen kannst. Überarbeite deinen Text entsprechend.

Tipp
- Stelle dir die Situation so genau wie möglich vor.
- Beachte deine Notizen von Aufgabe b).
- Lasse zwischen den Zeilen Platz für Verbesserungen oder Ergänzungen.

Den Text überarbeiten

Eine mögliche Fortsetzung:

> Sie fahren eine Station weiter. Sie fahren dann noch eine Station weiter. Dann stieg der Junge aus. Das Mädchen fuhr alleine weiter. „Wie bist du auf den Film gekommen?", fragt sie den Jungen. Der Junge antwortet: „Weiß ich nicht genau. Ich wollte einfach etwas unternehmen. Das Kino war gerade in meiner Nähe. Meine 3 Freunde wollten vorher schon nach Hause." 3 – eine ungerade Zahl – ein gutes Zeichen?

1
a) Was ist am Text oben gut gelungen? Wo besteht Überarbeitungsbedarf? Nenne die Textstellen.
Achte auf Erzählzeit, Wortwahl, Satzbau und Überleitungen.

b) Lies deinen eigenen Textentwurf genau und prüfe ihn ebenso.

c) Tauscht eure überarbeiteten Textentwürfe untereinander aus. Prüft die Texte und notiert Verbesserungen und Ergänzungen mit Bleistift.
- Sind die Handlungsschritte verständlich aufeinander aufgebaut?
- Passt die Geschichte zum Charakter der beiden Figuren?
- Sind Rückblenden und innere Monologe an einer günstigen Stelle eingebaut?

d) Schreibe deinen überarbeiteten Text sauber auf, zum Beispiel mit dem Computer.

e) Stellt die Texte in der Klasse vor, zum Beispiel in einer Lesestunde oder an einer Pinnwand im Klassenraum.

Einen Text ausbauen

Roswitha Vetter
Der alte Mann und der Fernseher

Die Entscheidung war gefallen. Über einen Monat hatte der alte Mann überlegt, abgewogen und gerechnet, alleine in seiner winzigen Wohnung im Siedlungsviertel. Heute nun war er auf die Bank gegangen, mit zittrigen Knien und doch irgendwie angenehm beschwingt. Sein
5 Herz hatte heftig geklopft, als er die tausend Euro von seinem Konto abhob. Der Bankbeamte hatte ihn auch einen Moment länger angeschaut als gewöhnlich. Eigentlich konnte es sich der alte Mann gar nicht leisten. Aber wofür sollte er noch sparen?

Mit einem zufriedenen Lächeln auf den schmalen Lippen humpelte er
10 aus dem Bankgebäude.
Es war nicht weit zum Fernsehgeschäft, den Weg kannte er inzwischen genau. Fast täglich war er ihn in den letzten vier Wochen gegangen, hatte sich den Farbfernseher mit Fernbedienung angeschaut und immer wieder erklären lassen. Und heute würde er ihn kaufen.
15 Nur noch eine Straße war zu überqueren. Aber eine äußerst unangenehme Straße. Zwar war sie mit einer Ampel versehen, doch meist hatte er nicht einmal das erste Drittel zurückgelegt, als sie auch schon wieder auf Rot sprang. Er mochte diese Straße nicht.
Ungeduldig wartete er am Straßenrand, ein beträchtliches Stück von
20 der heimtückischen Ampel entfernt. Von rechts und links kamen die Autos dahergeschossen und dröhnten vorüber. Die Abgase nahmen ihm den Atem. Fest hielt er seinen Stock umklammert.
Da, eine Lücke im Autostrom; entschlossen machte er einen Schritt nach vorn. Ohrenbetäubendes Hupen: ein Bus. Viel zu schnell kam er
25 daher.
Rasch brachte sich der alte Mann in Sicherheit. Er stolperte, Schweiß stand auf seiner Stirn. Sein Stock fiel zu Boden, die einzige Stütze, ohne die er sich unsicher und verloren fühlte. Er wusste, wenn er sich nach ihm bückte, würde ihm schwindelig. Und das so nah am Stra-
30 ßenrand!
Hilfe suchend drehte er den Kopf, doch die Leute hasteten vorüber, ohne ihn zu beachten. Also ließ er sich vorsichtig auf den Boden nieder. Was blieb ihm anderes übrig! Schließlich wartete sein Farbfernseher nicht ewig auf ihn. Da war das Schwindelgefühl. Er hatte es
35 ja gewusst.

Wiederholen und vertiefen +++ Wiederholen und vertiefen +++

Er taumelte, schwarze Ringe tanzten vor seinen Augen. Hart kniete er auf dem Pflaster, die Hände abgestützt.

Plötzlich hörte er ein Knattern in unmittelbarer Nähe. Er schrak zusammen: Es war ein Motorrad. Genau vor ihm hielt es. Eine Gestalt
40 sprang herunter und kam auf ihn zu; behutsam richtete sie ihn auf und drückte ihm den Stock in die Hand. Der alte Mann sah sich erstaunt nach dem Befreier aus seiner misslichen Lage um.

Und da brach in dem greisen Gesicht das Staunen aus: Der, den er da vor sich hatte, war ein junger Mann auf schlaksigen Beinen, die in
45 engen Jeans steckten, von einem riesigen Gürtel mit Metallschnalle zusammengehalten. Eine glänzende Lederjacke fehlte nicht. Ganz unten schauten ein Paar abgeschabte Stiefel mit hohen Absätzen hervor, die bei jedem der schlurfenden Schritte auf dem Asphalt krachten. Der alte Mann misstraute seinen müden Augen, zog umständlich eine
50 Brille aus der Innentasche und setzte sie auf die Nase. Tatsächlich! Das war ein Halbstarker, ein Rocker oder wie die heißen. Das sollen doch so Burschen sein, die keinen Respekt vor anderen Leuten haben, die sich nur schlecht benehmen. Die ganz einfach ständig aus der Rolle fallen.

55 Der Rocker brachte ihn über die Straße. Nachdenklich humpelte der alte Mann weiter und schon war er doch tatsächlich an dem Fernsehgeschäft vorbeigegangen. Schmunzelnd machte er kehrt. Dabei griff er in seine Tasche. Ihm stockte der Atem! Hastig wühlte er darin herum. Er untersuchte auch noch die zweite Jackentasche, doch beide waren
60 leer. Das Geld war verschwunden.

Der Mann umklammerte seinen Stock, die andere Hand suchte an einer Hauswand Halt. Er schloss die Augen. Kraftlos und verstört. Aus der Traum vom Farbfernseher und auch kein Geld mehr! Ein Kloß drückte ihn in der Kehle.

65 Motorradknattern schreckte ihn abermals auf.

„Da sind Sie ja." Es war der Rocker. Er zog etwas aus seiner Lederjacke. „Sie haben das vorhin verloren."

Das Geld! Der alte Mann seufzte. Ein Lächeln huschte über sein Gesicht, mit zitternden Händen nahm er das
70 Geld entgegen. Er holte einen Fünfzigeuroschein heraus und reichte ihn dem Rocker. „Lassen Sie nur", sagte dieser, hob zum Gruß kurz die Hand und brauste krachend davon.

Lange sah ihm der alte Mann nach. Und er war ganz sicher, dass er das mit den Rockern irgendwie durcheinandergebracht hatte.

> **Tipp**
> greises Gesicht = altes Gesicht

Wiederholen und vertiefen

++ **Wiederholen und vertiefen** +++ **Wiederholen und vertiefen** +

1 Den Text verstehen

a) Lies den Text genau und kläre unbekannte Wörter.

b) Was ist mit dem letzten Satz gemeint? Erkläre.

c) Suche die Textstelle, in dem die Vorurteile des alten Mannes deutlich werden. Schreibe diese stichpunktartig aus dem Text heraus.

d) „Das Geld war verschwunden." (Z. 60). Obwohl im Text kein Verdacht genannt wird, verdächtigt man als Leser/in wahrscheinlich den Rocker. Überlege Gründe dafür.

e) Fasse den Kerngedanken des Textes in zwei bis drei Sätzen zusammen.

(START) In dem Text „Der alte Mann und der Fernseher" von Roswitha Vetter geht es um …

2 Informationen über die Figuren aus dem Text sammeln

a) Wähle eine Figur aus. Sammle Informationen über diese Figur im Text. Gib die passenden Textstellen an.

b) Lerne eine Figur genauer kennen. Ergänze den nachfolgenden Cluster:

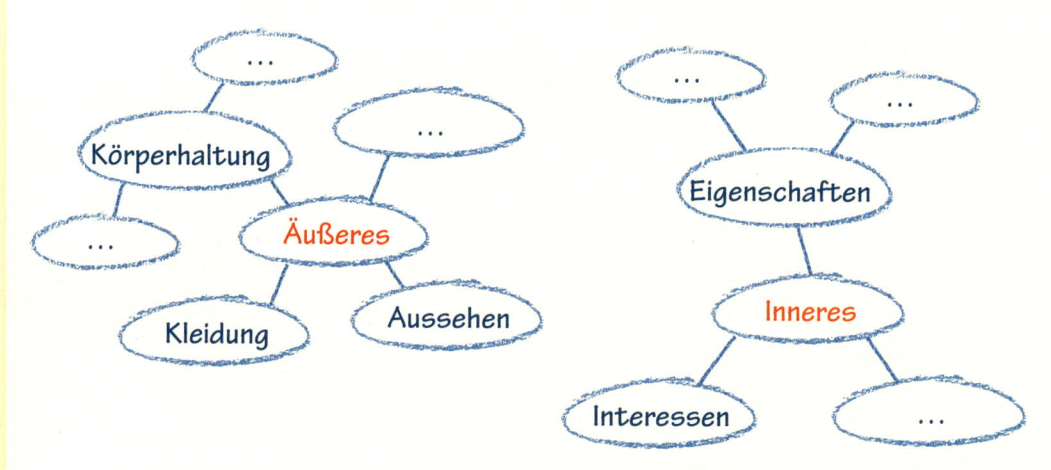

- Körperhaltung
- …
- …
- **Äußeres**
- Kleidung
- Aussehen
- …
- …
- Eigenschaften
- **Inneres**
- Interessen
- …

c) Entwickle eine Rollenbiografie zu der Figur.

d) Gehe den Text noch einmal durch und schreibe die Unterschiede der beiden Figuren auf.

Wiederholen und vertiefen

3 Die Erzählperspektive und die Erzählmittel erkennen

a) Bestimme die Erzählperspektive.

b) Prüfe, welche Stil- und Erzählmittel die Autorin verwendet hat. Belege mit Textstellen.

> **Tipp**
> Stil- und Erzählmittel: z. B. sprachliche Bilder, Gegensatz, Rückblende, innerer Monolog, wörtliche/indirekte Rede, besondere Wortwahl, verschiedenartiger Satzbau, offener Anfang/gestaltete Einleitung

4 Eine Vorgeschichte oder Fortsetzung entwerfen

a) Überlege eine sinnvolle Vorgeschichte oder Fortsetzung und schreibe dazu Stichpunkte auf.

b) Tausche die Notizen mit einem Partner und bespreche sie.

c) Plane eine Vorgeschichte oder eine Fortsetzung. Beachte insbesondere die Abfolge der Handlungsschritte, den Einsatz verschiedener Erzähl- und Stilmittel sowie die Darstellung der Figuren.

d) Schreibe einen ersten Entwurf.

5 Den Text überarbeiten

a) Überarbeite deinen Textentwurf.

b) Tausche den Textentwurf mit einem Partner und bespreche ihn.

c) Schreibe deinen überarbeiteten Text sauber auf (z. B. mit Computer).

> **Tipp**
> Ihr könnt eure Texte präsentieren, z. B. in einer Sammelmappe.

6 Ausdrücke mit gleicher oder ähnlicher Bedeutung suchen

Suche im Text die Ausdrücke heraus, die eine gleiche oder ähnliche Bedeutung haben wie die folgenden.
Schreibe sie mit Zeilenangabe auf.

- Greis
- fröhlich
- fast jeden Tag
- für alle Zeit
- in Gedanken
- verwirrt

7 Begriffe mit gegensätzlicher Bedeutung suchen

Suche im Text Begriffe, die jeweils das Gegenteil ausdrücken.

- lange Zeit
- verschwenden
- nah
- locker
- weich
- kraftvoll

Wiederholen, Üben, Anwenden, Vertiefen zum qualifizierenden Hauptschulabschluss

+++ Quali-Training +++ Quali-Training +++ Quali-Training +

Aufgaben verstehen

Aufgabentypen unterscheiden

Prüfungsarbeiten zu Sachtexten oder literarischen Texten umfassen meistens zwei Grundtypen von Aufgaben:

> **A** Zur Bearbeitung dieser Aufgaben musst du **im Text nachlesen** und **Informationen aus dem Text entnehmen**.

> **B** Diese Aufgaben gehen über den Text hinaus. Du musst **eigene Gedanken entwickeln und darstellen**.

1 a) Zu welcher Gruppe gehören die folgenden Aufgaben? Erstelle eine Tabelle und ordne die Aufgaben zu.

- Aussagen wiedererkennen
- Text weiterschreiben
- Stellung nehmen
- Meinung begründen
- Aufruf schreiben
- Teilüberschriften formulieren
- Begriffe erklären
- Inhalt zusammenfassen
- Beispiele herausschreiben
- sprachliche Besonderheiten erklären
- von eigenen Erfahrungen berichten
- etwas an eigenen Beispielen zeigen

Aufgabengruppe A	Aufgabengruppe B
- Inhalt zusammenfassen	- Text weiterschreiben

b) Ordne die folgenden Aufträge ebenfalls der Aufgabengruppe A oder B zu.

> Zeige an einem anderen Beispiel auf, wie Werbung dich verführt und welche Folgen daraus entstehen können.

> Begründe, warum der Begriff „Zeitnot" im Text in Anführungszeichen steht.

> Schreibe die Sätze heraus, die zu folgenden Aussagen passen.

> Im Text werden negative Folgen übertriebenen Fernsehens genannt. Nenne vier davon stichpunktartig.

Quali-Training +++ Quali-Training +++ Quali-Training ++

Wiederholen, Üben, Anwenden, Vertiefen zum qualifizierenden Hauptschulabschluss

Die Erzählerin verwendet bildhafte Vergleiche und Redensarten. Schreibe zwei davon auf.

Beschreibe eine Situation ausführlich, in der das Fernsehen für dich „Zeitfüller" ist.

Erzähle die Geschichte aus der Sicht des Mädchens weiter.

Sprachliche Besonderheiten erklären

Erkläre die doppelte Bedeutung der Überschrift „Am Fernseher den Magen verdorben".

Alcopops führen nach Ansicht des Autors zu einem „getarnten" Alkoholkonsum. Erkläre, was unter dem Begriff zu verstehen ist.

Das Fernsehen hat sich zum „Leit- und Leid-Medium" des Freizeitverhaltens entwickelt. Erkläre diese Aussage an je einem Beispiel.

2 a) In jeder Aufgabe steckt eine Wendung oder Wortgruppe, die nicht wörtlich gemeint ist. Schreibe sie auf.

b) Notiere zu jeder Wendung, was sie im wörtlichen Sinn bedeutet.

(START) **Magen verdorben –** *Man hat etwas Schlechtes gegessen, deshalb hat man Magenschmerzen oder es ist einem übel.*

c) Überlege, was Sachthema und Wortbedeutung miteinander zu tun haben können. Versuche so, der nicht wörtlich gemeinten Bedeutung auf die Spur zu kommen.

d) Bei welcher Aufgabe reicht es nicht, die Aussage zu erklären? Beschreibe mit eigenen Worten, was du tun musst.

63

Wiederholen, Üben, Anwenden, Vertiefen zum qualifizierenden Hauptschulabschluss

+++ **Quali-Training** +++ **Quali-Training** +++ **Quali-Training** +

Anhand von Beispielen etwas zeigen

3 a) Die beiden folgenden Aufgabentypen kommen bei Prüfungsaufgaben häufig vor. Beschreibe Unterschiede und Gemeinsamkeiten der Aufgaben.

> Der Text enthält folgende Sprachbilder:
> - die Flinte ins Korn werfen
> - eine Rechnung begleichen
>
> Erkläre die Bedeutung dieser Sprachbilder jeweils in einem anderen Zusammenhang.

> Der Text enthält folgende sprachliche Bilder:
> - Löcher in den Bauch fragen
> - die Nase voll haben
> - seine Siebensachen packen
>
> Wähle zwei davon aus und erkläre sie an je einem eigenen Beispiel.

> Zeige an zwei Beispielen aus deinem Umfeld, wie sich Menschen ehrenamtlich für andere einsetzen.

> Kinder und Jugendliche lernen viel durch Nachahmung. Beschreibe jeweils eine Situation, in der junge Menschen durch gute oder schlechte Vorbilder beeinflusst werden.

b) Woran merkst du, dass du bei jeder dieser Aufgaben eigene Ideen entwickeln musst?

4 a) Kläre die Bedeutung der sprachlichen Bilder (wie bei Aufgabe 2 auf Seite 63).

b) Überlege dir zu jeder Aufgabe eine Beispielsituation. Notiere in Stichpunkten Antworten auf die W-Fragen.
- Wer? • Wo? • Wann? • Warum? • Wie?

c) Wähle eine Aufgabe aus. Beschreibe zunächst das von dir gewählte Beispiel ausführlich in mehreren Sätzen. Erkläre dann, was das Beispiel mit der Aufgabe zu tun hat.

+ Quali-Training +++ Quali-Training +++ Quali-Training ++

Wiederholen, Üben, Anwenden, Vertiefen zum qualifizierenden Hauptschulabschluss

Gründe erläutern

> Aggressives Verhalten nimmt in unserer Gesellschaft zu. Erläutere mögliche Gründe, warum manche Kinder und Jugendliche zunehmend gewaltbereiter werden.

> Es gibt viele Gründe für die Zunahme von Aggressionen, z. B. die Medien, Misserfolge in Schule und Beruf, mangelnde Anerkennung, schlechte Vorbilder oder die Situation in der Familie.

5 In diesem Lösungsbeispiel werden mehrere einzelne Punkte aufgezählt, aber keiner davon wird genauer erklärt.

a) Notiere zu jedem der genannten Gründe mehrere Stichpunkte.

(START) die Medien: – Gewaltszenen im Fernsehen
– Verharmlosung von Gewalt
– Sogar kleine Kinder sehen schon alles Mögliche.
– …

b) Wähle die zwei Gründe aus, zu denen dir am meisten eingefallen ist. Formuliere dazu deine Gedanken ausführlich aus.

Tipp
Vermeide die Abkürzung „z.B.", denn sie verführt dich zum bloßen Aufzählen.

Stellung nehmen, Meinung äußern und begründen

1 „Ohne Handy könnte ich mir mein Leben nicht mehr vorstellen." Stimmst du dieser Aussage zu? – Begründe deine Meinung.

2 Das eigene Leben „in die Hand nehmen" heißt nicht nur „machen, was man will". Erläutere diese Aussage und nimm Stellung dazu.

3 Glück kann man nicht kaufen. Nimm Stellung zu dieser Aussage.

6 a) Was haben diese drei Aufgaben gemeinsam?

b) Kläre für jede Aufgabe, wozu du eigentlich Stellung nehmen sollst. Schreibe die entsprechende Aussage auf und markiere den Aussagekern.

(START) „Ohne Handy könnte ich mir mein _Leben nicht mehr vorstellen_."

65

Wiederholen, Üben, Anwenden, Vertiefen zum qualifizierenden Hauptschulabschluss

+++ **Quali-Training** +++ **Quali-Training** +++ **Quali-Training** +

c) Du kannst einer Aussage

zustimmen +   **nicht zustimmen** −   **teilweise zustimmen** +/−

Überlege bei jeder Aufgabe zuerst, was für dich zutrifft und schreibe deine Entscheidung auf:

(START) **Der Aussage „Ohne Handy könnte ich mir mein Leben nicht mehr vorstellen" stimme ich nicht / teilweise / voll zu.**

d) Sammle Ideen zur Begründung deiner Meinung. Notiere zunächst alles, was dir zu der Kernaussage einfällt, in Stichpunkten.

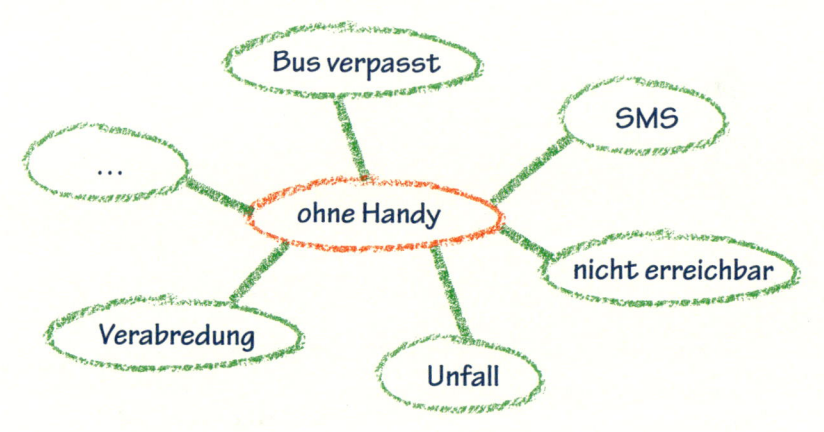

Cluster um „ohne Handy": Bus verpasst, SMS, nicht erreichbar, Unfall, Verabredung, ...

e) Überprüfe bei jedem Stichpunkt, ob du daraus ein zustimmendes Argument, ein Gegenargument oder beides entwickeln kannst.

(START) **SMS – Freundschaften pflegen, in Kontakt bleiben +**
　　　　– nicht notwendig, Zeitverschwendung −
　　　　– manchmal ganz praktisch, oft auch überflüssig + und −

Bearbeite drei deiner Stichpunkte aus dem Cluster (d) ebenso.

f) Überlege noch einmal, welche Meinung du eigentlich vertreten willst und prüfe nach, welche deiner Ideen am besten dazu passen. Markiere in deiner Stichpunktsammlung (Cluster) die Punkte, auf die du näher eingehen möchtest. Lege die Reihenfolge fest.

g) Formuliere deine Stellungnahme aus.

h) Bearbeite das Aufgabenbeispiel 2 oder 3 (S. 65) ebenso.

Quali-Training +++ Quali-Training +++ Quali-Training ++

Wiederholen, Üben, Anwenden, Vertiefen zum qualifizierenden Hauptschulabschluss

7 Diese Aufgaben stammen aus verschiedenen Prüfungen zum qualifizierenden Hauptschulabschluss.

a) Kläre für jede Aufgabe, was du tun sollst.

(START) 1 Begründe, warum ehrenamtliches Engagement in unserer Gesellschaft so bedeutsam ist.

b) Wähle drei Aufgaben aus und bearbeite sie.

1 Begründe, warum ehrenamtliches Engagement in unserer Gesellschaft so bedeutsam ist.

2 Zeige an einem selbst gewählten Beispiel, wie wichtig menschliche Nähe in schwierigen Zeiten ist.

3 Erläutere, warum Werbung auch positiv und sinnvoll sein kann.

4 „Es geht auch ohne!" Überzeuge deine Mitschüler/innen in einem Aufruf für die Schülerzeitung, dass Partyspaß auch ohne Alkohol möglich ist.

5 „Fairness im Alltag" Beschreibe ausführlich an drei Beispielen aus deinem Lebensbereich, wo fairer Umgang miteinander das Zusammenleben der Menschen erheblich erleichtern kann.

6 Du hast Vorbilder und bist zugleich selbst Vorbild.
   a) Zeige an zwei Beispielen, wie Medienstars dich beeinflussen können.
   b) Erläutere an zwei weiteren Beispielen, wie dein Verhalten andere beeinflussen kann.

7 Die Medien üben einen enormen Einfluss auf unser Leben aus, sowohl in positiver als auch in negativer Hinsicht. Erläutere dies ausführlich an geeigneten Beispielen.

8 „Wasser auf dem Bildschirm macht niemanden nass! Wer seine Erfahrungen überwiegend über den Bildschirm bezieht, weiß nur wenig vom wirklichen Leben."
Nimm ausführlich Stellung zu dieser Aussage.

Quali-Training — Mit Sachtexten arbeiten

Is(s)t denn eigentlich keiner mehr normal?

Zwischen Fettleibigkeit, Ess-Problemen und Designer Food: Es gibt immer mehr Menschen mit Ess-Störungen

Der Diät-Wahn war noch nie vernünftig. Und spätestens pünktlich zu Silvester haben sich wieder viele vorgenommen, ein besserer, schönerer, gesünderer und wahrscheinlich
5 auch schlankerer Mensch zu werden.

Keine Zeit zu kochen
Schaut man sich um, stößt man auf allerlei kulinarische Sperenzchen:
Die junge Frau, die immer weniger wird,
10 und bei der Essenseinladung versichert, schon Brotzeit gemacht zu haben. Nein, probieren wolle sie wirklich auch nicht.
Der Langzeitsingle, der selbst nach zwei Jahren in der neuen Stadt noch immer kei-
15 nen eigenen Topf hat. Schließlich habe er ohnehin keine Zeit, selbst zu kochen.
Die junge Mutter, die nicht mehr konsequent, sondern vielmehr dogmatisch im Bioladen kauft und strikt Nahrung verweigert,
20 deren Herkunft sie nicht bis ins kleinste Detail rückverfolgen kann.
Der Teenager, der an Bulimie leidet.
Tatsächlich ist etwas faul mit dem Essen. Die eigene Trägheit stellt dem Hungrigen
25 selbst ein Bein. Für einen allein kochen? Immerhin zieht heimische Essenszubereitung einen Rattenschwanz an Unannehmlichkeiten nach sich, wie einkaufen, eine Rezeptidee entwickeln, abspülen. Also doch lieber
30 den Döner unterwegs essen. Gemeinsame Mahlzeiten wie zu Hause bei den Eltern scheitern an der Zeit. Aber leider ist unser Körper nicht so flexibel wie unsere vollgepackten Terminkalender. Der Körper zickt,
35 wenn er länger keine Nahrung bekommt. Der Blutzuckerspiegel sackt ab, der Heißhunger steigt an. Die Krux ist allerdings: Satt fühlt man sich erst nach 20 Minuten. Wer schlingt, mampft mehr, als der durch-
40 schnittliche Körper auf dem Weg vom Großraumbüro aufs heimische Sofa verbraucht.
Erst drohen ästhetische Schlappen wie Bauchringe, später Zivilisationskrankheiten, wie Herzinfarkt, Arteriosklerose, Diabetes
45 mellitus, Arthritis und Arthrose, Gelenkschmerzen und Rheuma. Dicke Eltern haben zumeist dicke Kinder, die zu dicken Erwachsenen werden. Die Fettleibigkeit schlägt aufs Gemüt, dicke Menschen werden häufig de-
50 pressiv und von ihrer Umwelt diskriminiert.
Aus soziologischer Sicht interessant: Während sozial niedrigere Schichten eher zu Übergewicht tendieren, gehen Essstörungen wie Bulimie oder der übertriebene Zwang,
55 sich gesund zu ernähren, – oft mit steigendem Bildungs- und Einkommensgrad Hand in Hand. Eine viertel Torte und anschließendes Erbrechen statt eines Gesprächs. Wer wissen will, wie verbreitet Ess-Störungen
60 sind, braucht sich nur ins Internet zu klicken.

Nahrung vom Designer
Essen entfernt sich in den Industrienationen immer mehr von seinem Zweck. Nahrung wird funktionalisiert. „Functional Food"
65 heißt das Zauberwort. Gemeint sind Nahrungsmittel, die dem Konsumenten einen gesundheitlichen Vorteil bringen sollen. Darunter fallen etwa Joghurtdrinks, deren Bakterienkulturen wahlweise die Abwehr oder
70 die Verdauung steigern sollen. Selbst beim Essen gilt es, ein Optimum an Gesundheit und Schönheit rauszuschlagen. Wen interessiert da noch, dass bei der Herstellung von künstlichem Vitamin C auch giftiger Abfall
75 entsteht?
Fest steht: Die Aufmerksamkeit, die dem Essen geschenkt wird, erscheint unverhältnismäßig. Aber zum Kochen hat angeblich keiner mehr Zeit.   CHRISTINA HOFFMANN

Aus: Nürnberger Nachrichten, Extra-Jugend, 04.01.06

Quali-Training +++ Quali-Training +++ Quali-Training ++

Wiederholen, Üben, Anwenden, Vertiefen zum qualifizierenden Hauptschulabschluss

Vollwertig essen – und gesund bleiben

Nach den 10 Regeln der Deutschen Gesellschaft für Ernährung (DGE)

1. Vielseitig essen
2. Reichlich Getreideprodukte und Kartoffeln
3. Gemüse und Obst: Nimm „5" am Tag!
4. Täglich Milch und Milchprodukte; ein- bis zweimal Fisch pro Woche; Fleisch, Wurst und Eier in Maßen
5. Wenig Fett und fettreiche Lebensmittel
6. Zucker und Salz in Maßen
7. Reichlich Flüssigkeit: rund 1,5 Liter Wasser oder kalorienarme Getränke täglich
8. Essen schmackhaft und schonend zubereiten
9. Sich Zeit nehmen, das Essen genießen
10. Aufs Gewicht achten, in Bewegung bleiben

Empfohlene Zusammensetzung des Speiseplans*

- Getreide, Getreideerzeugnisse, Kartoffeln: 30 %
- Fette, Öle: 2
- Fleisch, Wurst, Fisch, Eier: 7
- Obst: 17
- Milch, Milchprodukte: 18
- Gemüse, Salat: 26

*Mengenverhältnis

© Globus 9705

---

1 Der Eindruck auf den ersten Blick

a) Die Aufmerksamkeit der Leserschaft wird bei einem Zeitungsartikel wie diesem bewusst gelenkt. Wohin fällt der Blick zuerst? Begründe.

b) Schreibe – ohne den Haupttext zu lesen – in ein bis zwei Sätzen auf, worum es deiner Meinung nach in diesem Artikel geht.

2 Den Text überfliegen

a) Überfliege den Text zunächst.

b) Was hast du dir bei diesem ersten Durchlesen gemerkt?

Notiere dir einige Stichpunkte.

c) Schreibe drei Fragen auf, die du durch genaueres Nachlesen klären möchtest.

d) Überfliege den Text noch einmal und achte dabei auf Signalwörter, die zu deinen Fragen passen könnten. Notiere Zeilenangaben.

Wiederholen, Üben, Anwenden, Vertiefen zum qualifizierenden Hauptschulabschluss

+++ **Quali-Training** +++ **Quali-Training** +++ **Quali-Training** +

3 Den Text genau lesen

a) Lies den Text noch einmal konzentriert.
   Markiere oder notiere die entsprechenden Zeilennummern:
   - Wo endet ein Sinnabschnitt?
   - Welche Begriffe kennst du nicht?
   - Welche Textstellen sind schwierig zu verstehen?

b) Lies noch einmal, was du bei Aufgabe 1b aufgeschrieben hast. Überarbeite deine Aussage, wenn nötig.

c) Überprüfe, ob du deine Fragen (Aufgabe 2c) mit Hilfe des Textes beantworten kannst.

Tipp: Eine Kopie des Textes vereinfacht das Kennzeichnen von Textstellen. Du kannst auch mit einem Notizblatt arbeiten.

4 Schwierige Textstellen klären

a) Lies noch einmal die Textstellen, die du schwierig findest. Versuche, das Gemeinte aus dem Textzusammenhang herauszufinden.

b) Ersetze schwierige Begriffe durch Umschreibungen. Dazu musst du manche Wörter nachschlagen. Umschreibe dann ihre Bedeutung im Text mit eigenen Worten.

Wendung im Text	Auskunft im Wörterbuch
aus soziologischer Sicht (Z. 51)	Soziologie = Lehre von den Zusammenhängen in der menschlichen Gesellschaft
Nahrung wird funktionalisiert (Z. 63–64)	funktionalisieren = etwas, eine Aufgabe entsprechend gestalten
eine ästhetische Schlappe (Z. 42)	ästhetisch = schön, geschmackvoll

Tipp: Im Wörterbuch stehen oft mehrere Erklärungen und nicht jede passt in den Text. Achte auf den Textzusammenhang.

c) Ordne den Umschreibungen passende Begriffe aus dem Text zu.
   - auf die feine Kochkunst bezogen – kulinarisch
   - Umstände, Schwierigkeiten
   - starr an eine Meinung gebunden, einseitig denkend
   - anpassungsfähig
   - traurig, niedergeschlagen
   - jemanden herabsetzen, schlechtmachen
   - Verbraucher
   - Bestwert, Höchstmaß

Quali-Training +++ Quali-Training +++ Quali-Training ++

Wiederholen, Üben, Anwenden, Vertiefen zum qualifizierenden Hauptschulabschluss

d) Auch Redewendungen sind oft erklärungsbedürftig:
- einen Rattenschwanz nach sich ziehen (Z. 26–28)
- Hand in Hand gehen mit (Z. 56–57)

Formuliere die beiden Sätze aus dem Text sinngemäß um, ohne die Redewendungen zu gebrauchen.

5 Das Textverständnis prüfen

a) Formuliere Teilüberschriften (Kernaussagen) zu den von dir gefundenen Sinnabschnitten.

b) Schreibe fünf Fragen auf, die man nur durch genaues Nachlesen im Text beantworten kann.

c) Tauscht eure Fragen aus und beantwortet sie euch gegenseitig. Belegt eure Antworten jeweils mit einer passenden Textstelle.

d) Erkläre die doppeldeutige Aussage der Schlagzeile.

6 Schaubilder auswerten

Werte das Schaubild (S. 69) mit Hilfe der folgenden Schritte aus.

1. Das Thema und die Art des Schaubildes erfassen
- Was zeigt die Abbildung? Was verrät die Überschrift?

Umschreibe das Thema mit zwei bis drei Sätzen.

2. Einzelinformationen entnehmen
- Bezieht sich die Darstellung auf eine Entwicklung oder auf einen bestimmten Sachverhalt?
- Welche Zahlenwerte sind verwendet worden?

Schreibe wichtige Einzelinformationen auf.

3. Die Gesamtaussage des Schaubildes beurteilen
- Welche allgemeinen Aussagen zum Thema sind anhand des Schaubildes möglich? Ist ein Trend erkennbar? Stützt das Schaubild eine bestimmte Erkenntnis?

Fasse die Aussage in zwei bis drei Sätzen zusammen.

7 Informationen zusammenfassen und ordnen

a) Die Informationen des Textes lassen sich ordnen. Notiere dir zu jedem Gliederungspunkt einige wichtige Stichpunkte.

b) Welche Informationen aus dem Schaubild kannst du hier einordnen? Ergänze, wenn nötig, weitere Gliederungspunkte.

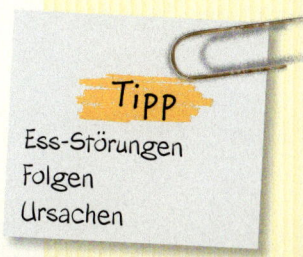

> **Tipp**
> Ess-Störungen
> Folgen
> Ursachen

Wiederholen, Üben, Anwenden, Vertiefen zum qualifizierenden Hauptschulabschluss

+++ **Quali-Training** +++ **Quali-Training** +++ **Quali-Training** +

8 Umfangreichere Prüfungsaufgaben bearbeiten

Bei Prüfungsarbeiten werden auch umfangreichere Schreibaufgaben verlangt. Das Thema des Ausgangstextes hat oft nur am Rand damit zu tun.

> Immer mehr Jugendliche leiden unter Ess-Störungen. Erläutere mögliche Hintergründe für diese Fehlentwicklung in einem zusammenhängenden Text.

So bearbeitest du umfangreiche Prüfungsaufgaben richtig:

1. **Das Thema der Aufgabe und den Bezug zum Text erfassen**
2. **Dein Vorwissen zum Thema sammeln**
3. **Deinen persönlichen Standpunkt zum Thema klären**
4. **Aufbau und Inhalt deines Textes planen**
5. **Einen zusammenhängenden Text schreiben**

Bearbeite nun die Aufgabe von oben Schritt für Schritt. Nutze dazu die folgenden Aufgaben zu den Schritten.

1. Das Thema der Aufgabe und den Bezug zum Text erfassen

a) In der Aufgabenstellung geht es um die <u>Hintergründe</u> von Ess-Störungen. Was steht dazu im Text? Notiere stichpunktartig.

b) In der Aufgabe geht es speziell um <u>Jugendliche</u>, der Text geht darauf nicht direkt ein. Welche der im Text genannten Probleme treffen überhaupt für diese Altersgruppe zu?

2. Dein Vorwissen zum Thema sammeln

a) Was weißt du über das Thema Ess-Störungen bei Jugendlichen? Kennst du solche Probleme aus deinem eigenen Bekanntenkreis? Notiere Stichpunkte.

b) Sammle mögliche Gründe für falsches Essverhalten von Jugendlichen, zum Beispiel in einem Cluster:

Familienprobleme — Ess-Störungen — ...

Tipp

Oft ist die Beantwortung von W-Fragen beim „Brainstorming" eine gute Hilfe. Was? Wer? Wo? Wie häufig? Warum?

Quali-Training +++ Quali-Training +++ Quali-Training ++

Wiederholen, Üben, Anwenden, Vertiefen zum qualifizierenden Hauptschulabschluss

3. Deinen persönlichen Standpunkt zum Thema klären

a) Worin besteht deiner Meinung nach das Hauptproblem? Markiere es in deinem Cluster. Fasse es in ein bis zwei Sätzen zusammen.

b) Hast du eigene Ideen zur Problemlösung? Notiere Stichpunkte.

4. Aufbau und Inhalt deines Textes planen

Gehe deine Notizen noch einmal durch:
- Welcher Gedanke ist als Einleitung geeignet?
- Auf welche Punkte (nicht mehr als drei bis vier) willst du im Hauptteil eingehen?
- Welche Meinung willst du im Schlussteil vertreten?

Erstelle anhand dieser Fragen eine knappe Gliederung.

5. Einen zusammenhängenden Text schreiben

a) Bearbeite nun die Beispielaufgabe von S. 72. Schreibe mit Hilfe der folgenden Schritte einen zusammenhängenden Text. Mache nach jedem Gliederungspunkt einen Absatz.

Einleitung: Greife das Thema mit eigenen Worten auf. Gehe kurz auf den allgemeinen Trend oder auf eigene Erfahrungen ein. Du kannst auch eine zum Thema passende Situation beschreiben.

Hauptteil: Zähle die Hintergründe nicht einfach auf! Erläutere jeden einzelnen Punkt nacheinander in mehreren Sätzen genauer. Belege durch Beispiele. Achte auf passende Überleitungen.

Schluss: Mache abschließend deinen persönlichen Standpunkt klar. Äußere deine Meinung zu dem Problem und/oder schlage eine Möglichkeit zur Lösung vor.

b) Lies deinen Text und verbessere, wenn nötig, Schreibfehler.

c) Bearbeite die folgende Aufgabe aus dem QA 1995 ebenso.

> Laut Statistik ist etwa jeder vierte bayrische Schüler übergewichtig. Verfasse einen Text für die Schülerzeitung, in dem du deine Mitschüler/innen zu vernünftigem Ernährungsverhalten aufforderst. Beschränke dich dabei auf drei Ernährungsgrundsätze und begründe diese ausführlich. Finde eine zündende Überschrift.

Wiederholen, Üben, Anwenden, Vertiefen zum qualifizierenden Hauptschulabschluss

+++ Quali-Training +++ Quali-Training +++ Quali-Training +

Und plötzlich seid ihr Eltern

Beim Projekt „Babybedenkzeit" üben sich sogar die Jungs als „Superdaddy"

Ein Kind haben. Etwas zum Liebhaben, das nur mir gehört. Immer mehr Jugendliche wünschen sich immer früher ein Baby. Was Eltern-Sein heißt, wissen die wenigsten.
5 Das soll das Projekt „Babybedenkzeit" ändern.
„Ich bin der Super-Daddy", prahlt Pascal. Im Arm des 15-Jährigen nuckelt eine Babypuppe. Super-Daddy hat sie „Thyran"
10 getauft. Pascal, Marcel und acht Mitschülerinnen sind Teilnehmer des Elternpraktikums „Babybedenkzeit". An Baby-Simulatoren haben die Schüler der Ernst-Penzoldt-Hauptschule in Erlangen sechs Tage
15 geprobt, wie sich ein Leben mit Kind anfühlt. Und zwar 24 Stunden am Tag. Mit der Schulglocke ist nur der Unterricht aus. Dann geht es samt Kind ab nach Hause. Montagmorgen. Letzter Tag des Projektes.
20 Die leicht übermüdeten Neuntklässler fachsimpeln: „Mensch hörst du das nicht", fragt Pascal. „Der Ton, das war der Kopf! Du hast die Kopfstütze nicht richtig gemacht." Mit Lauten zeigt der Babysimulator seinen
25 Eltern, ob diese alles im Griff haben.
Mit den Puppen sind auch die Sozialpädagoginnen Maria Götz und Manuela Born vom Jugendhilfebund Puckenhof e.V. an die Ernst-Penzoldt-Schule gekommen.
30 Während in den Klassenräumen nebenan Mathe und Englisch gebüffelt wird, lernt Pascal, wie Säuglinge richtig gepflegt werden, was der plötzliche Kindstod ist, was gesunde Ernährung heißt – und jede Men-
35 ge über Verhütung.
In Rollenspielen proben die Jugendlichen, wie sie mit ihrem Freund oder ihrer Freundin über das Thema Verhütung sprechen oder fremden Leuten im Bus das „Baby-
40 bedenkzeit"-Projekt erklären. Denn mit der blechern schreienden Puppe im Arm hat Pascal auch schon einige blöde Kommentare abgestaubt.
Nicht immer steckt mangelnde Aufklä-
45 rung hinter frühen Schwangerschaften. Manche Jugendliche haben Sehnsucht nach einem harmonischen Familienleben und wünschen sich deshalb ein Baby. Beim Elternpraktikum bekommen die Schüler
50 eine Vorstellung davon, wie ein Kind die eigene Lebensplanung verändern kann, welche Bedürfnisse es hat und dass ein Baby nicht der optimale Weg aus einer persönlichen Misere ist. Auf keinen Fall
55 aber will das Projekt vor dem Kinderkriegen abschrecken. „Die Jugendlichen sollen sich über den richtigen Zeitpunkt bewusst werden", sagt Manuela Born.

Babysitter gesucht

60 Jessica hat ganz praktische Probleme bei der Vereinbarung von Kind und Berufsausbildung schon erlebt: Gerade in der Elternpraktikum-Woche wurde ihr ein Probearbeiten in einem Hotel angeboten. So
65 musste sie sich erstmal auf die Suche nach einem Babysitter machen. „Ich habe mir das nicht so stressig vorgestellt", sagt die 15-Jährige, die eigentlich ganz froh ist, wenn das Projekt gleich vorbei ist. Nach
70 der Pause sind alle aufgeregt: Gleich hält Frau Götz Thyran, Alicia, Burak, Destiny und den anderen Simulatoren die graue Fernbedienung an den Plastikbauch und zieht damit die Auswertung von der Fest-
75 platte. Dann werden die Festplatten abgeschaltet. Fehlende Kopfstützen, ein nicht gegebenes Fläschchen oder vergessen, die Windel zu wechseln? Der Speicherchip erinnert sich an alles. Wenn zu oft Fehler
80 gemacht werden, schaltet sich der kleine Computer einfach ab.
„Mein Kind ist sogar mal gestorben, weil ihm in der Pause alle immer auf den Kopf gehauen haben", erzählt Jessica. Bemerkt
85 hat sie den Tod erst nachts, weil es auf einmal so ungewöhnlich still war. In 15 Schwierigkeitsstufen simulieren die „Pflegekinder" mögliche Tagesabläufe von echten Babys. Durchschrieene Nächte inklusive.
90 Während Pascals Puppe schon abgeschaltet auf dem Pult liegt und Maria Götz die Auswertung durchgeht, wollen die Mädels „ihre Babys" nicht mehr hergeben. „Irgendwie baut man schon voll die Ver-
95 bindung auf", meint Yvonne und knutscht

+ **Quali-Training** +++ **Quali-Training** +++ **Quali-Training** ++

und kuschelt Puppe Destiny ab. „Keine Angst", weiß Anke Nowak, „irgendwann wünschst du dir, du könntest dein Kind einfach mal abschalten."
100 Die Sozialpädagogin freut sich über den großen Anklang, den das Projekt an der Ernst-Penzoldt-Hauptschule fand. „Die Klassen stehen Schlange. Sobald wir einen Sponsor haben, machen wir weiter."
105 „97 Prozent!", ruft Pascal begeistert und wedelt mit der Auswertung in der Hand. Bei 177 Mal Wickeln, Füttern, Aufstoßen und Co. hat er nur fünf Mal etwas falsch gemacht.
110 Interessantes liefert der Vorher-Nachher-Vergleich des „Babybedenkzeit"-Projekts: „Im Schnitt wollen die Beteiligten vorher mit 18, 19 Jahren eine Familie gründen. Danach wird immerhin 23, 24 angekreuzt", 115 verrät Manuela Born.   ANNA SCHLEINZER

Ein Babybedenkzeit-Kurs kostet rund 1500 Euro. Damit das Projekt an möglichst vielen Schulen stattfinden kann, ist der Puckenhof e.V. auf Spenden angewiesen. Eine Projekt-Patenschaft kostet monatlich drei Euro. Weitere Infos im Internet unter www.baby-bedenkzeit-puckenhof.de

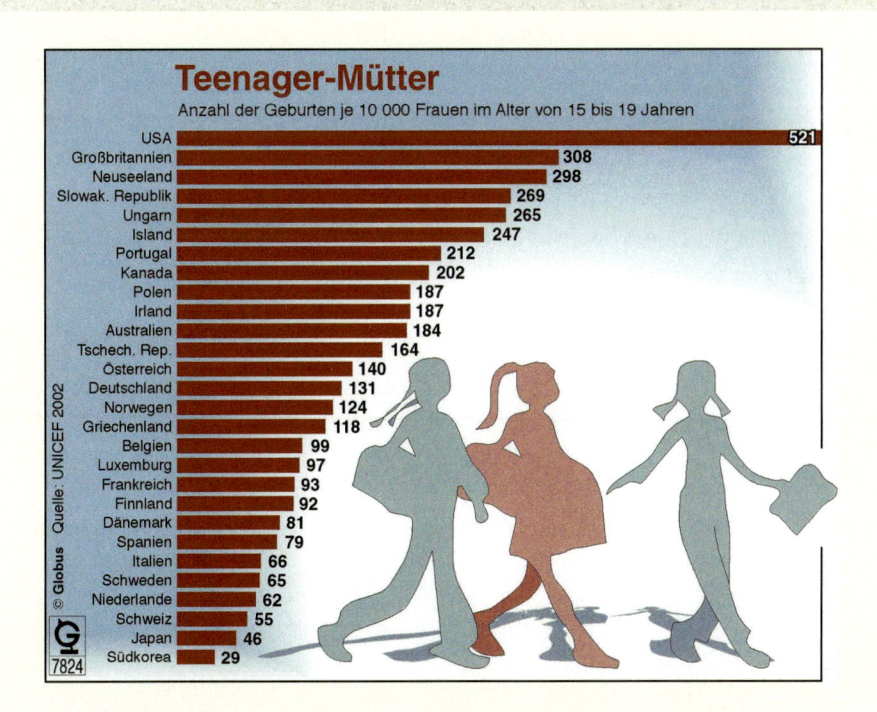

Teenager-Mütter
Anzahl der Geburten je 10 000 Frauen im Alter von 15 bis 19 Jahren

USA	521
Großbritannien	308
Neuseeland	298
Slowak. Republik	269
Ungarn	265
Island	247
Portugal	212
Kanada	202
Polen	187
Irland	187
Australien	184
Tschech. Rep.	164
Österreich	140
Deutschland	131
Norwegen	124
Griechenland	118
Belgien	99
Luxemburg	97
Frankreich	93
Finnland	92
Dänemark	81
Spanien	79
Italien	66
Schweden	65
Niederlande	62
Schweiz	55
Japan	46
Südkorea	29

© Globus   Quelle: UNICEF 2002

1 a) Was erfährst du durch die Überschrift über den Inhalt dieses Zeitungsartikels? Schreibe in ein bis zwei Sätzen auf, um welches Thema es deiner Meinung nach geht.

b) Überlege, welche Informationen der Text bieten könnte. Notiere Stichpunkte.

c) Überfliege den Text. Ergänze deine Stichpunkte von Aufgabe 1.

d) Lies den Text noch einmal genau. Kläre unbekannte Wörter aus dem Zusammenhang oder durch Nachschlagen.

2 a) Was war der Anlass für das Projekt „Babybedenkzeit"?

Wiederholen und vertiefen

+++ **Quali-Training** +++ **Quali-Training** +++ **Quali-Training** +

b) Stelle die Aufgaben der Projektteilnehmerinnen und -teilnehmer stichpunktartig zusammen.

3 a) Die Projektteilnehmer bekommen eine Vorstellung davon, „... dass ein Baby nicht der <u>optimale</u> Weg aus einer persönlichen <u>Misere</u> ist." (Z. 52–54)
Was ist damit gemeint? Erläutere die Aussage mit eigenen Worten, ohne die unterstrichenen Wörter zu verwenden.

b) Die Sozialpädagoginnen sind vom Erfolg des Projektes überzeugt. Welche Ziele wurden ihrer Meinung nach erreicht? Zitiere zwei passende Textstellen.

4 Das Projekt „Babybedenkzeit" soll auch an anderen Schulen durchgeführt werden. Erstelle einen knappen Informationstext über Ablauf, Organisation und Zielsetzung des Projektes.

5 a) Um welches Thema geht es bei dem Schaubild? Umschreibe es mit ein bis zwei Sätzen.

b) Mit Hilfe der Informationen des Schaubildes lassen sich Fragen zum Thema Teenager-Mütter beantworten. Schreibe vier solcher Fragen auf und die passenden Antworten dazu.

c) Trotz der Daten, die das Schaubild liefert, bleibt aber auch manche Frage offen. Notiere zwei Fragen, die unbeantwortet bleiben.

d) Welche zusätzlichen Informationen zum Text liefert das Schaubild?

e) Welche allgemeinen Aussagen zum Thema sind anhand des Schaubildes möglich? Ist ein Trend erkennbar?
Fasse die Aussage in zwei bis drei Sätzen zusammen.

6 „Immer mehr Jugendliche wünschen sich immer früher ein Baby. Was Eltern-Sein heißt, wissen die wenigsten." (Z. 2–4)
Nimm in einem Leserbrief Stellung zu dieser Aussage.
Begründe deine Meinung durch eigene Argumente.

7 Eine Familie gründen heißt auch, Verantwortung übernehmen. Erläutere diese Aussage ausführlich an zwei selbst gewählten Beispielen.

+ **Quali-Training** +++ **Quali-Training** +++ **Quali-Training** ++

Mit literarischen Texten arbeiten

Das Spiegelbild

Prüfungstext zum qualifizierenden Hauptschulabschluss 2005

Er stand vor dem großen Spiegel und blickte auf die im Licht der schwachen Glühbirne matt glänzende, glatte Oberfläche. Wie das zugefrorene Wasser eines kleinen Sees sah sie aus, unbeweglich und
5 starr, dachte er bei sich, während er sein Spiegelbild betrachtete, das ihm mit ernster Miene entgegenblickte.
Langsam setzte er sich auf den staubigen Holzboden, schlug die Beine übereinander und bemühte sich, sein aufgewühltes Inneres zur Ruhe zu zwingen. Angestrengt dachte er nach. Über die alltäglichen Un-
10 gerechtigkeiten. Über das Leben an sich.
Er blickte in den Spiegel. Er wusste, dass er einen Fehler begangen hatte. Einen? Nun, wenn er ehrlich war, hatte er wohl doch so einiges falsch gemacht. Aber das sollte sich jetzt ändern. Seit er vor wenigen Minuten hier auf dem Dachboden ein altes Foto von sich gefunden
15 hatte, war er fest entschlossen, alles besser zu machen. Im Superman-Kostüm hatte er damals an Karneval in die Kamera gelächelt, fest entschlossen, die Welt von jeglicher Ungerechtigkeit zu befreien. Ein unerfüllter Kindertraum?
Schuldbewusst blickte er zu Boden. Er hatte sich wirklich dumm ver-
20 halten, aber war Einsicht nicht auch der erste Schritt zur Besserung?
Er sah erneut in den Spiegel. Irgendetwas hatte sich nun verändert, irgendetwas war anders geworden. Einen Moment glaubte er, nicht mehr sich selbst im Spiegel zu erblicken – den so gedankenlosen fünfzehnjährigen Jungen –, sondern ein einsames Mädchen, das abseits
25 von allen anderen auf dem Pausenhof stand.
Er wusste sofort, dass es das Mädchen war, über das er mit seinen Freunden blöde Witze gerissen hatte. Über ihre Klamotten, ihre verschlossene Art, die Unsicherheit und Leichtgläubigkeit, mit der sie sich durchs Leben bewegte. Er hatte nicht daran gedacht, wie sehr die
30 spöttischen Bemerkungen sie verletzen würden, nicht gewusst, wie sehr sie unter der Scheidung ihrer Eltern und besonders unter der Einsamkeit litt. Tränen glitzerten in ihren Augen. Er kannte dieses Mädchen eigentlich nicht einmal. Warum ließ er sie dann nicht einfach in Ruhe? Wahrscheinlich war es allein die Tatsache, dass die an-
35 deren sie nicht mochten und dass eben alle etwas gegen sie sagten.
Man muss nicht immer mit den Wölfen heulen, dachte er. Wie oft hatte er seinen Vater dieses Sprichwort schon sagen hören.

+++ Quali-Training +++ Quali-Training +++ Quali-Training +

Wenn du wüsstest, wie schwer das manchmal ist, seufzte er. Nur mit
Mühe konnte er seinen Blick vom Spiegel abwenden. Unschlüssig ließ
40 er ihn im Raum hin- und herschweifen, aber es gab nichts zu entde-
cken, nichts, womit er sich für eine Weile von seinen trübsinnigen Gedanken ablenken konnte, außer den verstaubten, alten Möbelstücken.
So schaute er erneut in den Spiegel und für einen winzigen Augen-
blick glaubte er, sein Spiegelbild habe sich abermals verändert. Er
45 sah sich zusammen mit seinen Freunden in der Stadt. Am letzten
Wochenende, ja er erinnerte sich wieder. Da war dieses Mädchen
gewesen, das ihnen sofort durch die schwarze Kleidung aufgefallen
war. Richtig seltsam hatte es ausgesehen.
Es gefiele ihr halt, anders zu sein, […], hatte sie auf seine dummen
50 Sprüche geantwortet.
Später, im Stillen, hatte er lange über diese Begegnung nachgedacht.
Er wusste plötzlich gar nicht mehr, warum er sich über dieses Mädchen lustig gemacht hatte. Nein, insgeheim bewunderte er diese junge
Frau und ihren Mut. Sie machte sich nicht die Mühe, sich anzupassen
55 und versuchte nicht, den üblichen Normen zu entsprechen. Manchmal wünschte auch er sich, allem Gewöhnlichen zu entsagen und
einfach mal „anders" zu sein, seine eigenen Ideen auszuleben. Seine
blöden Bemerkungen dem Mädchen gegenüber hätte er sich wirklich
sparen können! Warum handelte er bloß immer so unüberlegt und
60 dachte nie gründlich genug darüber nach, ob er jemanden mit seinen
Worten verletzen könnte. Er hatte wirklich allen Grund, auf sich
wütend zu sein!
An der falschen Stelle, ja, da hatte er sich nicht getraut, etwas zu
sagen. Er musste gar nicht erst in den Spiegel schauen, um zu wissen,
65 was er für den Bruchteil einer Sekunde gesehen hatte: den dunkelhäu-
tigen Jungen aus der Nachbarschaft. Dessen Familie war erst vor zwei
Wochen aus Südamerika hierher gezogen und er sprach kaum ein
Wort Deutsch. Trotzdem lächelte der Junge immer höflich, wenn er
ihn zufällig traf, und obwohl er nur ein gebrochenes „Hallo" zu Stande
70 brachte, so war es doch eine freundlichere Begrüßung als die manches
Einheimischen.
Vor ein paar Tagen war er von ein paar ausländerfeindlich eingestell-
ten Jungen angesprochen worden. Sie beschimpften ihn und meinten,
er solle doch woanders mit seiner Familie Asyl suchen, von wegen So-
75 zialgeldschmarotzer. Einer aus dieser Gruppe versetzte dem Jungen
schließlich einen Stoß, sodass er rücklings auf den vom vielen Regen
aufgeweichten, matschigen Parkboden fiel.

+ Quali-Training +++ Quali-Training +++ Quali-Training ++

Er selbst hatte alles mitbekommen – von der anderen Straßenseite aus –, war dabei gewesen, hätte helfen können. Doch er hatte den Vor-
80 fall einfach ignoriert. So getan, als hätte er gar nichts gesehen, genauso wie alle anderen Vorübereilenden auch. Ja, das war feige gewesen. Aber sich mit Andys Clique anlegen? Das hatte bisher noch keiner gewagt! Rudern gegen den Strom, ich weiß, Papa!, dachte er. Bedrückt schaute er zu Boden, ein bisschen in Selbstmitleid versun-
85 ken. Nach einiger Zeit trübsinnigen Nachdenkens stand er auf, trat ans Fenster und öffnete die nur halb zugezogenen Vorhänge. Augenblicke später bahnten sich Sonnenstrahlen ihren Weg zu ihm hinein auf den Dachboden. Er blickte zum Spiegel zurück. Und plötzlich schien dessen Glas gar nicht mehr so matt und glanzlos zu sein, sondern es
90 reflektierte die wärmenden Strahlen in alle Richtungen, sodass er regelrecht geblendet wurde.
Und als er genauer hinsah, da war es ihm, als blicke ihn sein eigenes Ich im Superman-Kostüm aus dem Spiegel heraus an und nicke ihm auffordernd zu. Er stützte sein Gesicht auf die Hände und schaute
95 hinaus auf den bereits grünenden Vorgarten seines Elternhauses. Ja, dachte er bei sich, es wäre so einfach gewesen. Jeden Tag hätte ich ein Held sein können. Wenn ich auch nicht die ganze Welt verändert hätte, so doch die eines einzigen Menschen. Und ein neues Gefühl durchströmte ihn. Es verwirrte ihn etwas und er konnte es zunächst
100 gar nicht genau zuordnen, denn er hatte es bereits sehr lange nicht mehr verspürt, viel zu lange nicht mehr. War es ... – Mut?

1 Den Text kennen lernen

a) Verschaffe dir einen Überblick über den Inhalt des Textes. Wovon handelt die Erzählung? Schreibe deine Ansicht in ein bis zwei Sätzen auf.

b) Beantworte aus dem Gedächtnis:
- Wo spielt die Geschichte?
- Wann spielt die Geschichte? Welchen Zeitraum umfasst sie?
- Wer erzählt die Geschichte?

2 Den Text genau lesen

Lies den Text langsam und ganz genau. Markiere oder notiere die entsprechenden Zeilennummern:
- Wo beginnt ein neuer Abschnitt?
- Welche Textstellen sind schwierig zu verstehen?

Wiederholen und vertiefen

++ Quali-Training +++ Quali-Training +++ Quali-Training +

3 Schwierige Textstellen klären

a) Lies den ganzen Satz oder Abschnitt noch einmal und versuche das Gemeinte aus dem Zusammenhang heraus zu erschließen. Das Nachschlagen einzelner Wörter kann dabei eine Hilfe sein.
Beispiel im Text: Sozialgeldschmarotzer (Z. 74–75)
Auskunft im Wörterbuch: schmarotzen – auf Kosten anderer leben
Formuliere eine Erklärung mit eigenen Worten.

b) Schreibe die beiden Sprachbilder im Text (Z. 36, 83) heraus und erläutere ihre Bedeutung.

4 Den Handlungsablauf verstehen und den Inhalt zusammenfassen

a) Teile den Text in Handlungsabschnitte ein. Fertige zur Übersicht eine Tabelle an:

(START)

Abschnitt	Ort	Zeit	Personen	Handlung
Z. 1 bis … …	vor dem Spiegel	Gegenwart	Ich-Erzähler	denkt über das Leben und über sich selbst nach

> **Tipp**
> Du erkennst einen neuen Handlungsabschnitt daran, dass eine Veränderung eintritt, z.B. ein anderer Ort, eine andere Zeit, andere Personen.

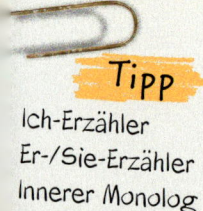

b) Markiere den Höhepunkt bzw. den Wendepunkt der Geschichte.

c) Was erfährst du über die Situation und die Charaktereigenschaften der Hauptperson? Notiere Stichpunkte.

d) Vergleiche Ausgangssituation und Schluss der Geschichte. Worin besteht die wichtigste Veränderung? Umschreibe in ein bis zwei Sätzen.

e) Fasse mit Hilfe deiner Notizen den Inhalt des Textes in wenigen Sätzen zusammen.

5 Besonderheiten des Textes erkennen und untersuchen

a) Untersuche die Erzählperspektive.

b) Untersuche den Erzählstil:
- Findest du auffällige Wiederholungen im Text? Was könnte der Grund dafür sein?

> **Tipp**
> Ich-Erzähler
> Er-/Sie-Erzähler
> Innerer Monolog

Wiederholen und vertiefen

+++ Quali-Training +++ Quali-Training +++ Quali-Training ++

- Worauf weist die Überschrift hin?

c) Erkläre in einigen Sätzen, welche Rolle der Spiegel und das Spiegelbild in der Geschichte spielen.

6 Sich in eine Rolle hineinversetzen

a) In dem Text kommen weitere Personen als Randfiguren vor. Notiere, was du über sie erfährst.

b) Wähle eine der Randfiguren aus und denke dich in ihre Rolle hinein. Lies dazu noch einmal die entsprechende Textstelle. Wie hat er/sie die Begegnung mit dem Jungen erlebt? Was denkt er/sie über ihn? Schildere den Vorfall aus der Sicht dieser Person.
Schreibe Gedanken und Gefühle in der Ich-Form auf.

c) Lies noch einmal den Schluss des Textes und versetze dich in die Lage des Jungen. Wie könnte es für ihn weitergehen? Schreibe seine Wünsche und Gedanken in der Ich-Form auf.

Grundwissen
▶ S. 156

7 Meinung äußern – Stellung nehmen

a) Literarische Texte geben Denkanstöße. In diesem Text werden z. B. die Themen „Heldsein" und „Anderssein" angeschnitten. Wähle eines der beiden Themen aus und notiere in einem Cluster alles, was dir dazu einfällt. Bleibe dabei nicht am Text kleben, sondern sammle deine eigenen Ideen!

b) - Jede/Jeder kann jeden Tag eine Heldin/ein Held sein.
- „Anders" sein oder sich anpassen? Beides hat seine Berechtigung.
- Filmhelden – Vorbilder für das wirkliche Leben?

Wähle eines dieser Themen aus und schreibe es als Überschrift auf ein Blatt. Mache dir Notizen zur Stoffsammlung:
- Was hältst du von der Aussage? Stimmst du nicht/teilweise/voll zu?
- Womit kannst du deine Meinung begründen?
- Welche Beispiele fallen dir dazu ein?

Tipp
Nimm für deine Checkliste die Auflistung von S. 23 zu Hilfe.

c) Was musst du beim Verfassen einer ausführlichen Stellungnahme beachten? Schreibe dir eine Checkliste!

d) Formuliere deine Stellungnahme aus.

Heinz Knappe
Persönliche Vorstellung

Das Arbeitszimmer war eindrucksvoll, selbst für einen Abteilungsleiter. Groß, hell und einladend – überhaupt wirkte die ganze Personalabteilung viel schöner und freundlicher, als sie erwartet hatte. Sie saß auf der Vorderkante des Besuchersessels, die Tasche mit den
5 Originalzeugnissen auf dem Schoß und ihr Gesicht glühte vor Erwartung. Es war ihre erste persönliche Vorstellung. Nach einer schriftlichen Bewerbung hatte sie umgehend eine Einladung zu einem persönlichen Gespräch mit dem Personalchef erhalten und empfand nun leisen Stolz über diesen Erfolg: Es war ihre Belohnung für durch-
10 gebüffelte Nächte und versäumte Fernsehkrimis.
Die Knie eng aneinandergepresst lächelte sie konzentriert in sein violettes Gesicht. Es was Nachmittag und seine Wangen zeigten bereits den Blauschimmer der Dunkelhaarigen mit starkem Bartwuchs. Sie nahm den dezenten Duft wahr, der von ihm ausging, einen Duft
15 von Gepflegtheit und teurem Rasierwasser, und wünschte sich ihren Vater ebenso. Ihr Vater roch nach Schweiß, wenn er von der Arbeit kam, und sein Kinn war sichtbar unrasiert.
Ihre Zeugnisabschriften lagen auf dem Schreibtisch. Sie sah seinen Händen zu, die über ihr Bewerbungsschreiben strichen, gepflegten
20 Händen mit sehr sauberen, sehr kurz gefeilten Nägeln, und verglich auch sie mit den Händen ihres Vaters. Seine Nägel waren abgebrochen und nur selten richtig sauber. Sie freute sich schon darauf, in diesem Unternehmen zu arbeiten; in einer Welt, in der alles neu, freundlich und harmonisch aussah.
25 Sie sog die Atmosphäre des Zimmers ein wie den Duft seines Rasierwassers und wartete darauf, dass er nun endlich etwas sagen würde. Über ihre Einstellung, wann sie anfangen durfte, oder über ihre wirklich guten Zeugnisse. Als sie hereingekommen war, hatte er einen kleinen überraschten Blick auf ihre Beine geworfen und sie
30 hätte beinah darüber gelächelt. Sie kannte diesen Blick auf ihre Beine: Alle sahen immer zuerst auf ihre Beine und erst danach in ihr Gesicht.
Er strich noch einmal über ihre Zeugnisschriften, und als sie gerade dachte, nun würde er etwas sagen, klopfte es. Eine Sekretärin schob
35 einen Servierwagen herein.
„Möchten Sie jetzt Ihren Kaffee, Herr Doktor?" Ihre Frage klang so ungezwungen freundlich wie seine Antwort: „Ja, der wäre jetzt genau

Quali-Training +++ Quali-Training +++ Quali-Training ++

richtig, danke. Und geben Sie uns bitte noch eine zweite Tasse dazu." Während die Sekretärin den Kaffee einschenkte, wandte er sich seiner Besucherin zu: „Sie trinken doch eine Tasse mit?"

„Oh ja, danke, gern!" Sie freute sich. Das war es, was man in der Anzeige mit dem „guten Betriebsklima" gemeint hatte. Alles hier besaß Stil. Atmosphäre. Es war schön, endlich erwachsen zu sein. Als Erwachsene in einem solchen Unternehmen arbeiten zu dürfen.

„Möchten Sie Milch oder Zucker?", fragte er höflich und griff nach dem Sahnekännchen.

„Danke nein", antwortete sie fast erschrocken. Sie trank ihren Kaffee zu Hause zwar immer mit Milch und Zucker, aber es war ihr peinlich, sich von ihm bedienen zu lassen. Auch wenn er sie bereits wie eine geschätzte Mitarbeiterin behandelte, nicht wie eine Anfängerin. Sie nahm die Tasse entgegen und trank einen Schluck. Es war guter Kaffee, nur sehr stark und bitter. Mit Milch und Zucker hätte er sicher besser geschmeckt. Sie überlegte, ob sie noch nachträglich darum bitten sollte, aber das wäre dann wie eine Kritik am Kaffee erschienen.

„Tja, Ihre Bewerbung …" Er schob seine Tasse etwas beiseite und sie strahlte ihn erwartungsvoll an. „Sie haben noch keine Berufserfahrung?"

„Nein." Sie reagierte verwirrt, wusste nicht sofort, worauf er hinauswollte.

„Tja …" Er wiegte bedauernd den Kopf und strich noch einmal über ihre Zeugniskopien. „Tja, wir hatten für unsere Korrespondenzabteilung eigentlich mehr an Mitarbeiterinnen gedacht, die bereits selbstständig arbeiten können. Also an Damen mit mehrjähriger Erfahrung."

„Aber in Ihrer Anzeige stand doch, dass sie auch Berufsanfängerinnen …" Sie stockte, versuchte es zu begreifen.

„Tut mir leid", sagte er und die Gläser seiner randlosen Brille schienen jetzt abweisend zu funkeln. Nicht mehr so freundlich wie noch vor einer Minute.

„Aber ich hatte doch in meiner Bewerbung … und Sie hatten doch geschrieben …" Das erwartungsvolle Lächeln auf ihrem Gesicht erlosch und sie senkte den Blick auf ihre Knie. Sie verstand endlich. Nach der persönlichen Vorstellung passte sie nicht mehr in den Mitarbeiterstab dieses Unternehmens. Sie hätte die Harmonie gestört. Die unbefangene Atmosphäre. In der Schule hatten auch manche aufgehört, von ihrem letztem Tanzabend zu berichten, wenn sie dazugekommen war.

„Wir haben ja Ihre Anschrift", sagte er. „Wenn wir wieder Berufsanfängerinnen einstellen, setzen wir uns mit Ihnen in Verbindung!"

Wiederholen und vertiefen

+ + Quali-Training + + + Quali-Training + + + Quali-Training +

Er erhob sich und streckte ihr die Hand hin. „Auf Wiedersehen! Es tut mir leid, dass Sie sich umsonst herbemüht haben."

80 „Oh, bitte, das macht doch nichts", antwortete sie mit einem vor Anstrengung steifem Gesicht. Ihr Blick fiel auf die Kaffeetasse, aus der erst ein Schluck fehlte – gut, dass sie nicht noch um Milch und Zucker gebeten hatte. Sie stand auf und streckte ebenfalls die Hand aus. „Auf Wiedersehen!"

85 Sie nahm seine Hand, seine kühle, gepflegte Hand mit den sehr sauberen, kurz gefeilten Nägeln und dachte wieder an die Hände ihres Vaters. An seine schwieligen Männerhände mit den abgebrochenen Fingernägeln: an Hände, die nicht glatt waren und kalt, sondern rau und gut.

90 Sie ging hinaus und ihre Spezialschuhe mit den Stützschienen klapperten so entsetzlich, dass sie meinte, seinen Blick auf ihren verkümmerten Beinen körperlich zu spüren. An der Tür stolperte sie ein wenig, weil das Teppichmuster vor ihren Augen verschwamm, und sie wünschte, sie hätte ihre Krücken mitgenommen, anstatt sie, um des
95 guten Eindrucks willen, zu Hause zu lassen. Es hatte ja auch doch nichts genutzt. Als sie die Tür öffnete, lächelte sie ihm noch einmal zu und hoffte, sie würde hinausgelangen, ehe ihr die Tränen herabliefen: Denn seit sie nicht mehr klein war, weinte sie wegen ihrer Beine nur noch heimlich im Bett, und jetzt war sie doch erwachsen.

1 Den Text kennen lernen

Verschaffe dir beim ersten Lesen einen Überblick über den Inhalt des Textes.

2 Den Text genau lesen

Suche die Hauptabschnitte. Formuliere Teilüberschriften.

3 Den Handlungsablauf und das Verhalten der Hauptpersonen verstehen

a) Was erfährst du über die Situation und die Charaktereigenschaften der Hauptpersonen? Notiere Stichpunkte.

b) Markiere den Höhepunkt bzw. den Wendepunkt der Geschichte.

c) Das Mädchen denkt zweimal an seinen Vater mit unterschiedlichen Gedanken und Gefühlen. Beschreibe die unterschiedliche Sichtweise und begründe sie.

+ Quali-Training +++ Quali-Training +++ Quali-Training ++

d) Vergleiche die Anfangssituation und den Schluss der Geschichte. Umschreibe in einigen Sätzen die Veränderungen.

e) Fasse den Inhalt des Textes in wenigen Sätzen zusammen.

4 Besonderheiten des Textes untersuchen

a) „Alle sahen immer zuerst auf ihre Beine …" (Z. 31–32)
Welchen Grund dafür vermutet man an dieser Stelle des Textes? Zitiere die Textstelle, an der man den eigentlichen Grund erfährt.

b) „… die Gläser seiner randlosen Brille schienen jetzt abweisend zu funkeln. Nicht mehr so freundlich wie noch vor einer Minute." (Z. 66–68)
Die Beschreibung der Brillengläser zeigt bildhaft die Wahrnehmungen des Mädchens in diesem Moment. Beschreibe ihre Erkenntnis und die Veränderung ihrer Gefühle in einigen Sätzen.

5 Sich in eine Rolle hineinversetzen

a) „Oh bitte, das macht doch nichts", antwortete sie mit einem vor Anstrengung steifem Gesicht. (Z. 80–81) Versetze dich in die Rolle des Mädchens. Schreibe ihre Gedanken und Gefühle in der Ich-Form auf.

b) Der Abteilungsleiter erfährt erst beim Vorstellungstermin von der Behinderung der Bewerberin. Er zögert daraufhin das eigentliche Gespräch sehr lange hinaus.
Schreibe auf, welche Fragen ihn beschäftigen könnten.

6 Meinung äußern, Stellung nehmen

a) In dem Text vermeiden es alle Beteiligten, den wahren Grund für die Ablehnung der Bewerberin anzusprechen. Wie beurteilst du diese Verhaltensweise? Begründe deinen Standpunkt.

b) Unangenehme Dinge aussprechen oder aus Rücksichtnahme schweigen? Beides hat seine Berechtigung. Zeige dies an je einem eigenen Beispiel auf.

Tipp
- Worum geht es?
- Welche Personen kommen vor?
- Wo spielt die Geschichte?
- Welchen Zeitraum umfasst sie?

Tipp
- Notiere die Zeilennummern besonders wichtiger Textstellen.
- Kläre unbekannte Begriffe aus dem Zusammenhang oder schlage nach.

Arbeitstechniken

Das Lernen trainieren

Lernprobleme erkennen

1 „Viel gelernt und nichts gewusst?" Wie ist das bei dir? Teste dich.

Test: Wie lerne ich?		immer	oft	manchmal	nie
A	Ich lerne den meisten Stoff am letzten Tag vor der Probearbeit.	4	3	2	1
B	Ich mache mir Notizen beim Lernen.	1	2	3	4
C	Ich lese mir alles mehrmals hintereinander durch.	4	3	2	1
D	Oft weiß ich bei den Prüfungen gar nichts mehr, obwohl ich stundenlang lerne.	4	3	2	1
E	Ich überlege mir Fragen und beantworte sie.	1	2	3	4
F	Es fällt mir schwer, mit dem Lernen anzufangen.	4	3	2	1
G	Ich überlege mir vorher, in welcher Reihenfolge ich meine Aufgaben mache.	1	2	3	4
H	Der Zeitdruck bei Probearbeiten ist ein Problem für mich.	4	3	2	1
I	Wenn mehrere Probearbeiten anstehen, mache ich mir einen Zeitplan.	1	2	3	4
J	Lernen macht mir Spaß.	1	2	3	4

Auswertung

10 bis 20 Punkte
Du hast kaum Schwierigkeiten beim Lernen und kennst sinnvolle Möglichkeiten, deine Lernergebnisse zu verbessern.

21 bis 30 Punkte
Du machst schon einiges richtig beim Lernen, hast aber auch in einigen Bereichen Probleme. Lerntipps könnten dir dabei helfen, bessere Ergebnisse zu erzielen.

31 bis 40 Punkte
Lernen ist für dich ein Problem. Um deine Schwierigkeiten in den Griff zu bekommen, solltest du Lernmethoden einüben, einen Lernplan erstellen und deine Einstellung zum Lernen überdenken.

Lerntipps sammeln

2 Das Lernen wird vor allem von drei Elementen bestimmt:

Einstellung   **Methode**   **Planung**

a) Ordne die Aussagen des Lerntests von Seite 86 diesen Bereichen zu.

b) Stelle fest, welches Verhalten Pluspunkte beim Lernen bringt, und formuliere zu jedem Bereich zwei Lerntipps.

START   Richtig ist es ...   Auf keinen Fall sollte man ...

Richtig lernen – aber wie?

(...) Der Stadtbote führte ein Interview mit Hans Staudinger:

Herr Staudinger, wann sollte man damit beginnen, für eine Prüfung zu lernen?

Es bringt nichts, kurz vorher alles zu trainieren. Damit verdrängt man das Wissen, das man vorher hatte. Außerdem hat das Gehirn nicht genügend Zeit, die Inhalte zu ordnen, und dann bringt man bei der Prüfung alles durcheinander. Es ist hilfreich, wenn man den Lernstoff über einen längeren Zeitraum in Portionen aufteilt und oft wiederholt. Das Gehirn kann den Stoff so besser speichern und ordnen.

Viele haben Probleme, überhaupt zu lernen. Wie kommt der Lernstoff ins Gehirn?

Es ist wichtig, den Stoff nicht nur zu lesen, sondern auch zu handeln. Man kann zum Beispiel Schlüsselbegriffe eines Textes herausschreiben und sich Bilder dazu vorstellen. Ein Bild kann uns wieder an die Zusammenhänge erinnern. Wer mit anderen über den Lernstoff spricht und ihnen etwas erklärt, lernt ebenfalls durch Handeln. Man sollte also verschiedene Methoden anwenden, um sich den Lernstoff einzuprägen. (...) Zu lange Lernphasen bringen nichts, denn spätestens nach drei Stunden kann das Gehirn nichts mehr aufnehmen. Also Lernpausen machen und etwas anderes tun, zum Beispiel Fahrrad fahren.

Es hört sich sinnvoll an, wenn man sich so ausführlich auf eine Prüfung vorbereitet. Hat man denn überhaupt die Zeit dazu, wenn mehrere Prüfungen kurz hintereinander folgen?

Die Zeit ist ja vorhanden, man muss sie sich nur einteilen. Es ist hilfreich, sich einen Lernplan zu machen. Man trägt dort am besten alle Termine für die Prüfungen ein. Die Zeit zum Lernen kann man dann am Anfang jeder Woche eintragen. Man sollte überlegen, was man sich vornehmen kann. Pro Fach und Tag kann man eine Lernportion von einer halben oder einer drei viertel Stunde planen. Im späteren Berufsleben ist so eine Zeitplanung genauso wichtig. (...)

3 Notiere die Lerntipps des Experten in Stichpunkten.
Vergleiche mit deinen Ergebnissen von Aufgabe 2.

Lernstrategien entwickeln

Gemeinsam Lernstrategien entwickeln

4 Fertigt ein Plakat zum „Lernen trainieren" an. Orientiert euch an den Grundelementen Einstellung, Methode und Planung. Ordnet zunächst die Lerntipps aus dem Text passend ein. Schreibt eure eigenen Vorschläge dazu.

5 Fügt auch die folgenden Lerntipps an passender Stelle ein:

> Zum „Aufwärmen" etwas Leichteres auswählen, damit das Gehirn in Schwung kommt.

> Mündliche und schriftliche Aufgaben abwechselnd bearbeiten, das steigert die Leistung.

> Am Arbeitsplatz alle Arbeitsmittel bereitlegen, störende Dinge entfernen. So entsteht eine Arbeitsatmosphäre.

> Gelegentlich „auf Zeit" trainieren. In der Prüfungssituation kommt man dann mit dem Zeitdruck besser zurecht.

6 Nicht alle Lerntipps sind für alle geeignet. Besprecht noch einmal die auf dem Plakat gesammelten Tipps in der Gruppe. Berichtet von euren eigenen Erfahrungen.

7 Geh noch einmal den Lerntest auf S. 86 durch und überlege, welches dein größtes Lernproblem ist. Welche der von euch gesammelten Lerntipps könnten dein Problem lösen? Lass dich dabei von deiner Lerngruppe beraten.

8 Es ist nicht leicht, gute Vorsätze in die Tat umzusetzen. Ihr könnt euch aber dabei gegenseitig helfen.

a) Jede/r schreibt auf, welche Lerntipps er/sie in der nächsten Zeit ausprobieren will. Das sollten nicht mehr als drei sein.

b) Legt dafür eine zeitliche Frist fest, zum Beispiel ein oder zwei Wochen. Heftet eure Vorsätze an die Pinnwand, sodass ihr sie jeden Tag sehen könnt. Sprecht nach Ablauf der gesetzten Frist über eure Erfahrungen und auch über neue Ideen.

Tipp

Dieses Verfahren könnt ihr beliebig oft wiederholen. Dabei kommt es nicht darauf an, alle Lerntipps zu berücksichtigen, sondern herauszufinden, welche für jede/n Einzelne/n besonders nützlich sind.

„Zeitmanagement": Einen Wochenplan erarbeiten

1 Ein Terminplaner hilft dir, die Übersicht zu behalten und deine Zeit richtig einzuteilen.

a) In dem abgebildeten Plan findest du

Schulisches   Privates   Erwartetes   Unerwartetes

Suche im Terminplaner passende Beispiele für die genannten Punkte.

b) Die zweite Planungswoche ist noch nicht angelaufen. Aber der Eintrag am Sonntag macht klar, dass auch in dieser Woche nicht alles so glattgehen wird.
Welcher Fehler wurde schon bei der Planung gemacht? Überlege, welche Änderungen nun notwendig sind.

2 Das geplante Referat über Gorbatschow muss nach Rücksprache mit der Lehrkraft am Freitag gehalten werden.

a) Schreibe auf, welche Arbeitsschritte zum Erstellen eines Referates notwendig sind.

START
- Text(e) lesen
- Stichpunkte notieren
- Gliederungspunkte ...

Lernstrategien entwickeln

Lernstrategien entwickeln

b) Schätze, wie viel Zeit du für die einzelnen Arbeitsschritte brauchst. Teile dazu die notwendige Vorbereitungszeit in mindestens vier „Arbeitspakete" auf.

c) Versuche, die notwendige Arbeitszeit bestmöglich in dem abgebildeten Planungsbeispiel unterzubringen. Zeichne dazu einen eigenen Plan auf, in dem du verschieben und streichen kannst. Achte darauf, welche Termine nicht veränderbar sind!

d) Vergleicht eure Vorschläge.

3 a) Entwirf deinen eigenen Arbeitsplan für die nächste Woche auf einem großen Blatt Papier. Trage zuerst alle festen Termine ein, dazu gehört Schulisches und Privates.

b) Nun geht es an die Einteilung der Arbeit. Überlege vorher:

– Welche Aufgaben müssen sofort erledigt werden? **DRINGEND!**

– Welche Aufgaben sind für dich persönlich besonders wichtig?

Trage Dringendes und Wichtiges immer zuerst ein. **WICHTIG**

c) Überlege, auf welche schulischen Arbeiten du dich über mehrere Tage hinweg vorbereiten solltest. Orientiere dich dabei an deinem eigenen Können und setze selbst Schwerpunkte. Teile diese Arbeiten in Arbeitspakete auf und trage sie in deinen Plan ein.

(START) **Englisch üben:**
- **Vokabeln wiederholen**
- **Grammatik-Übungsblatt bearbeiten**
- **Dialog üben**
- **Text lesen und Fragen dazu beantworten**

d) Trage auch deine Freizeitpläne ein.

e) Überprüfe, ob du noch genügend „Luft" in deinem Plan hast. Zeitpuffer sind wichtig für Unerwartetes. Streiche wenn nötig Dinge, die weniger wichtig für dich sind.

4 Schreibe deinen fertigen Plan noch einmal sauber auf einen großen Bogen Papier und hefte ihn an die Wand. Streiche jeden Tag durch, was du erledigt hast. Trage ein, was neu dazukommt.

5 Überprüft am Ende der Woche: Was hat gut geklappt? Welche Probleme gab es?

Tipp

Plant mit selbstklebenden Zettelchen. Ihr erhaltet sie in verschiedenen Farben.

Einen Tagesplan erstellen

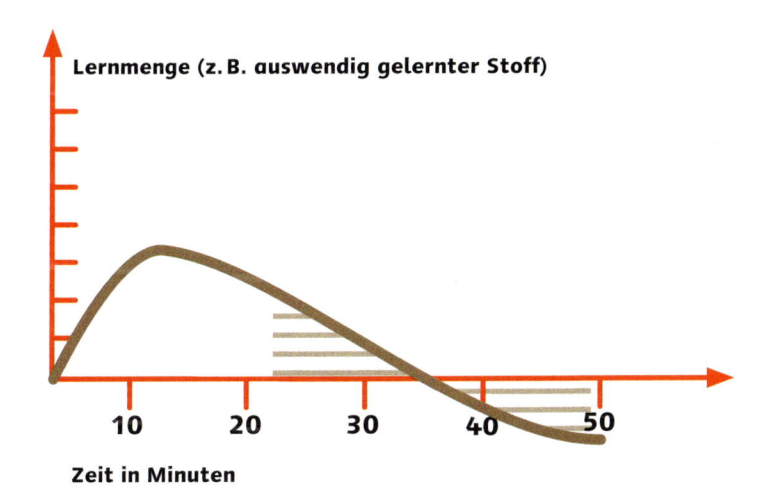

Lernmenge (z. B. auswendig gelernter Stoff)

Zeit in Minuten

1
a) Besprecht die abgebildete Grafik.
In welchem Zeitraum wird am meisten Lernstoff aufgenommen?

> In ein volles Gefäß kann man nichts mehr hineingießen. Tut man es dennoch, so läuft etwas von dem heraus, was vorher drin war.

Erklärt mit Hilfe dieses sprachlichen Bildes den weiteren Verlauf der Lernkurve.

b) Formuliert aus der Aussage der Grafik einen Lerntipp.

2

```
14:00 Uhr    Heimkommen, essen, relaxen
15:30 Uhr    Englisch büffeln (morgen Probe!)
17:30 Uhr    Prospekte austragen
19:00 Uhr    Hausaufgaben machen
19:30 Uhr    unbedingt fernsehen mit Siggi
```

a) Besprecht diesen Tagesplan. Was fehlt?
Was ist nicht gut geplant?

b) Bearbeite diesen Tagesplan. Berücksichtige dabei alles, was du über Arbeitsplanung gelernt hast.

c) Erstelle deinen eigenen Zeitplan für einen Tag. Lege fest, wann du am besten lernen kannst, und plane auch die notwendigen Pausen für Entspannung, Essen usw. ein. Probiere aus, ob dein Plan funktioniert, und verändere ihn, wenn nötig.

Lernstrategien entwickeln

Aktiv im Unterricht mitarbeiten

1 Schülerinnen und Schüler klagen, dass die aktive Mitarbeit schwerfällt. Lehrpersonen klagen, dass die Schülerinnen und Schüler im Unterricht nur zaghaft mitarbeiten. Sammelt eure Antworten zu Aufgabe a) und b) an der Tafel.

a) Warum beteiligen sich einige Schülerinnen und Schüler wenig oder nicht im Unterricht?

b) Zu welchem Zeitpunkt am Vormittag fällt es schwer, sich zu konzentrieren?

Mir ist so langweilig.

…

…

Ich merke mir nichts.

Ich kann mich schlecht ausdrücken.

2 a) Was könnt ihr den Aussagen und Gedanken von oben entgegnen?

b) Sucht für jeden Baustein weitere Beispiele.

Bausteine zur aktiven Mitarbeit

Unverstandenes klären
- Fragen stellen
- …

Sich konzentrieren
- gut zuhören, wenn Mitschülerinnen und Mitschüler Beiträge liefern
- …

Vorbereiten auf den Unterricht
- Arbeitsmaterial bereitlegen
- …

Klassenklima verbessern
- sich gegenseitig ernst nehmen
- …

Aktiv werden
- Mitdenken in der Stunde
- …

c) Erklärt mit Beispielen, wie ihr die genannten Probleme aus Aufgabe 1a) und b) lösen würdet.

Protokollieren

Techniken des Mitschreibens wiederholen

1 a) Nicht immer wird der Unterrichtsstoff durch einen Hefteintrag oder durch ein Arbeitsblatt abgesichert. Dann sind Notizen hilfreich.
Suche dir aus den folgenden Unterrichtssituationen im Deutschunterricht eine aus, bei der du dir eigene Notizen machen willst:

- Lehrervortrag
- Präsentation der Ergebnisse einer Partner- oder Gruppenarbeit
- Referat eines Schülers/einer Schülerin
- Dokumentation eines Filmes

b) Überarbeitet die folgenden Notizen mit Hilfe des Merkzettels von unten.

> TOP 2 Diskussion über mögliche Ziele des Wandertags. Das waren die Vorschläge: Nach Stuttgart ins Planetarium oder Burg Rabenstein zur Vogelschau oder vielleicht ins Luftfahrtmuseum, TOP 3 Danach wurde abgestimmt und es waren 16 für die Burg und 5 für das Luftfahrtmuseum und 8 für das Planetarium

Merke!

Sprache
- in eigenen Worten schreiben
- in Stichpunkten verfassen
- Zeichen verwenden

Aufbau
- Absätze einplanen
- durch Skizzen, Zeichnungen verdeutlichen

Form
- leserlich notieren
- nur auf die Vorderseite schreiben
- Platz für Ergänzungen lassen

Tipp
Zeichen
- ? = unklar
- ! = wichtig
- 📖 = nachschlagen
- 💡 = merke

c) Vergleicht eure Ergebnisse in der Klasse.

d) Fertigt eigene Notizen an zu der Unterrichtssituation, die ihr in Aufgabe a) ausgewählt habt.

Vorgänge beschreiben, Sachverhalte wiedergeben

Einen Versuch protokollieren

Im Rahmen eines Referats wird ein Versuch zum Thema „Tornados" vorgeführt. Tornados fordern vor allem in den USA immer wieder viele Todesopfer und richten gewaltige Schäden an. Zum besseren Verständnis wird den Schülerinnen und Schülern in einem Versuch die Ausbildung des charakteristischen Wolkenschlauchs („Rüssel") in Tornados demonstriert.

Eine Schülerin hat sich bei der Versuchsdurchführung Notizen gemacht:

Der Tornado aus der Flasche

Man benötigt 2 große, leere, durchsichtige Kunststoffflaschen mit Schraubverschlüssen, rote Lebensmittelfarbe, Kontaktkleber (Schnellkleber), Akkubohrer

– Papierbanderolen der Flaschen ablösen
– Schraubverschlüsse von den Flaschen abdrehen, Kontaktkleber auf die Außenköpfe der Schraubverschlüsse auftragen, antrocknen lassen
– in die Mitte der verklebten Schraubverschlüsse ein Loch bohren
– eine Flasche zu 2/3 mit Wasser füllen und anfärben
– mit dem „Doppelschraubverschluss" (Tornadorohr) beide Flaschen miteinander verbinden
– die mit Wasser gefüllte Flasche oben, die leere unten anordnen
– Flüssigkeit mit schnellen, kreisenden Bewegungen ins Rotieren bringen
– je nach Kreiselrichtung wird ein links- oder rechtsdrehender Wirbel erzeugt
– durch das rotierende Wasser steigen Luftmassen auf
– ein Sog entsteht durch die entgegengerichtete Luftströmung abwärts
   → Bildung des Wirbels

Merke!
Ein **Versuchsprotokoll** enthält folgende Angaben:
- Name, Klasse, Datum
- Thema/Fragestellung/Aufgabe
- Versuchsaufbau (Material, Anordnung, Zeichnung)
- Versuchsdurchführung
- Beobachtung (Messergebnisse)

1 a) Verfasse ein Versuchsprotokoll. Notiere zunächst den Protokollkopf.

b) Protokolliere jetzt Versuchsaufbau, -durchführung und Beobachtung als Verlaufsprotokoll.

c) Vergleiche mit deinem Lernpartner/deiner Lernpartnerin, dann mit dem Lösungsteil.

Mitgeschriebenes überarbeiten

2 a) Lies noch einmal auf dem Merkzettel von S. 94 die Inhalte eines Protokolls nach.

b) Welche Fehler wurden im folgenden Protokoll gemacht? Nenne sie und formuliere Verbesserungsvorschläge.

> PROTOKOLL
>
> Ort: Streitschlichterraum
> Datum, Zeit: 18.10.2006
> Anwesende: Klaspre. 9b + Klaspre. 9d
>
> TOP 1: Begrüßung + Vorstellung, Streitschlichterin erklärte Regeln des Schlichtungsverfahrens, Klaspre. hören zu und stimmen nach kurzer Diskussion den Regeln zu.
> Jeder Klaspre. schildert den Streit um das Spielen auf dem Basketballfeld in der Pause aus seiner Sicht. Klaspre. der 9b behauptet, dass 9d sich für jeden Tag Platzrecht auf Basketballfeld erkämpfen würde und dabei auch Schüler der 9b absichtlich wegschubsen würde, Klaspre. der 9d regt sich über die Aussage auf und meint, es sei ja wohl genau umgekehrt. Anschließend haben die Klaspre. nach Aufforderung durch die Streitschlichterin die Aussagen der Gegenseite zusammengefasst. Auf Karten schrieben die Klassensprecher auf, was sie von den Schülerinnen und Schülern der anderen Klasse erwarten. Auf Karten einer anderen Farbe schreiben sie auf, was sie selbst an ihrem Verhalten ändern könnten. Die Streitschlichterin freut sich, weil eine Lösung gefunden wurde. Es gab übereinstimmende Karten der beiden Klassen. Klassensprecher haben sich dann geeinigt: Mo. und Mi. spielt Kl. 9b. Di. und Do. spielt Klasse 9d, Freitag spielen sie zusammen. Streitschlichterin: Bitte berichtet in zwei Wochen, ob Vereinbarungen eingehalten wurden.
>
> 18.10.2006, Alessandra, Protokollführerin

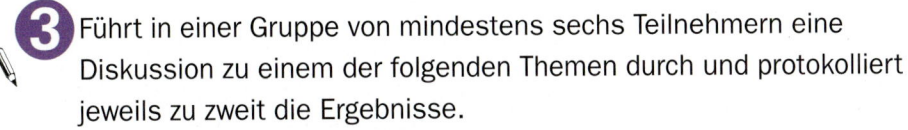

(Achtung Fehler)

3 Führt in einer Gruppe von mindestens sechs Teilnehmern eine Diskussion zu einem der folgenden Themen durch und protokolliert jeweils zu zweit die Ergebnisse.

- Sollten zur erhöhten Sicherheit an den Schulen Videokameras installiert werden?
- Sollten Sitzenbleiber/innen einen eigenen Lernplan aufgestellt bekommen?
- Sollten Schulschwänzer/innen von der Polizei gesucht werden?
- Sollten in den Fächern Kunst, Musik und Sport keine Noten mehr vergeben werden?

Richtig zitieren

Mündlich, schriftlich und sinngemäß zitieren

> Der Minister kündigte gestern an: „Es wird weitere Reformen geben."

> Dadurch kam das Fahrzeug, das bereits langsam fuhr, zum Stehen. „Die Schutzengel haben Überstunden gemacht", lobte die Pressesprecherin des Verkehrsverbundes Petra Bannert.

> Marianne Werner ist eine dieser klassischen Kundinnen des Marktes. „Ich will keine Fertigprodukte, die meine Familie innerlich krank machen können", sagt sie. „Hier wird das meiste von Hand produziert, das schmeckt mir."

> Diese Auffassung vertreten auch die Mitarbeiter vom Wetterdienst Meteomedia: „Die Wirbelstürme sind heftiger geworden."

Tipp
Zitat: wörtliche Übernahme einer Textstelle oder einer Aussage

1 Lies die Beispiele und überlege, wann Zitate sinnvoll sind.

Bei schriftlichen Arbeiten, aber auch bei Referaten zitiert man immer wieder, was eine Person gesagt oder geschrieben hat.
Bei wörtlichen Zitaten muss man sich an bestimmte Regeln halten:

Regel 1	Die Zitate stehen in Anführungszeichen.
Regel 2	Zitate müssen immer originalgetreu übernommen werden.
Regel 3	Wird eine Textstelle nur teilweise übernommen, müssen die Auslassungen durch […] gekennzeichnet werden.

So heißt es in Lara Cardellas Roman: „Das war zwar nicht gerade mein Wunsch […] und niemand kam es in den Sinn, mich danach zu fragen."

Auch sinngemäßes Zitieren muss ersichtlich und überprüfbar sein.

So heißt es in Lara Cardellas Roman, dass es nicht gerade ihr Wunsch war (vgl. ebenda S. 98).

Tipp
sinngemäßes Zitieren: Der Gedankengang eines anderen wird mit eigenen Worten wiedergegeben und in der Quellenangabe mit dem Hinweis „vgl." (vergleiche) gekennzeichnet.

Bei mündlichen Zitaten, zum Beispiel in einem Referat, wird der Beginn des Zitats durch die Worte: „Ich zitiere" und das Ende durch das Wort „Zitatende" für die Zuhörer/innen deutlich gemacht.

Johann Wolfgang Goethe schreibt über Rom, das er auf seiner Italienreise am 1.11.1789 erreicht. (Ich zitiere): „Alle Träume meiner Jugend seh ich nun lebendig." (Zitatende)

2 Suche jeweils ein Textbeispiel und zitiere mündlich, schriftlich und sinngemäß.

Die Quelle des Zitats angeben

Damit andere das Zitat nachlesen können, musst du die Quelle angeben, aus der du zitiert hast. Dafür hast du zwei Möglichkeiten:

A Schreibe die Quellenangabe direkt hinter den zitierten Satz oder Textabschnitt.

B Füge hinter dem Zitat eine Ziffer ein, die als Fußnote unten auf der Seite mit Quellenangabe steht. Du kannst auch alle Fußnoten und Quellen gesammelt am Ende der schriftlichen Arbeit aufführen.

Die Quelle wird nach einer festgelegten Reihenfolge angegeben.
- Familienname des Verfassers/der Verfasserin
- Vorname des Verfassers/der Verfasserin
- Titel des Buches
- Verlagsort
- Verlagsjahr
- Seitenangabe: Erstreckt sich die zitierte Stelle über die folgende Seite, so ist diese mit dem Zusatz „f." zu kennzeichnen. Erstreckt sie sich über mehrere Seiten, so ist der Zusatz „ff." anzugeben.

Cardella, Lara: Ich wollte Hosen. S. Fischer Verlag, Frankfurt a. M. 1994, S. 98

3 Zitiere aus dem Artikel „Und plötzlich seid ihr Eltern" auf S. 74 f.

> **Tipp**
> Quelle: Buch oder Zeitungsartikel, aus dem man zitiert hat

> **Tipp**
> Nutze das Textquellenverzeichnis im Buch.

Zitieren aus dem Internet

Auch bei Übernahmen aus dem Internet muss die Herkunft der Zitate eindeutig gekennzeichnet werden.
- Name, Vorname und Titel angeben
- URL hinzufügen, und zwar in der Form, in der die Internetadresse in der Leiste erscheint. Im Ausdruck erscheint die URL rechts oben.
- Datumsangabe, da Adressen und Dateien sich ständig ändern.

Koch, Robert: Wenn ein Arzt… Aus: http://www.nautne.net/zitate/autor/Robert+Koch (Stand vom 21.04.2006)

4 Zitiere aus dem Internet. Prüfe, ob du alle Angaben genannt hast.

> **Tipp**
> URL = Uniform Resource Locator (einheitlicher Ortsangeber für Ressourcen)

Wesentliche Informationen herausarbeiten

Exzerpierendes Lesen

Die Arbeitstechnik, aus Texten das Wichtigste herauszuschreiben, verhilft dir zu einem besseren Textverständnis. Außerdem unterstützt sie beim Lernen und kann eine gute Grundlage für eine Präsentation sein.

Die 10-Prozent-Methode

> **Tipp**
> **exzerpieren** (lateinisch): herausklauben, auslesen
> **das Exzerpt**: schriftlicher, aus dem Text der Vorlage übereinstimmender Auszug aus einem Werk

Bodenschätze in unserer Nähe
Steinplatten aus den Steinbrüchen bei Solnhofen

In Kirchen oder Schlössern hast du gewiss schon einmal die kunstvollen Steinböden bewundert, möglicherweise stammten sie aus
5 Solnhofen oder Eichstätt! Ein Besuch in einem der Steinbrüche zeigt dir, wie dort Plattenkalke gewonnen werden. Presslufthämmer oder gar Sprengungen sind in
10 diesem Steinbruch nicht erlaubt. Nur wenige Maschinen unterstützen die Arbeit des Steinbrechers. Schwere Handarbeit ist erforderlich.

1 Dieser kurze Text besteht aus 65 Wörtern. Du darfst nur 10 Prozent der Wörter (also 6) herausschreiben, um das Wichtigste des Inhalts mit eigenen Worten wiederzugeben. Du kannst zusätzlich Pfeile und Symbole nutzen.

a) Bildet Dreiergruppen. Vergleicht eure 6 Schlüsselwörter. Einigt euch in der Kleingruppe auf 6 Wörter und gegebenenfalls Pfeile und Symbole.

b) Begründet vor der Klasse eure Auswahl.

c) Wertet in der Klasse aus, welcher Wortart die Mehrzahl der Schlüsselwörter angehören.

d) Gib den Inhalt des Textes anhand der Schlüsselwörter wieder.

Flussdiagramm

Um die waagerecht liegenden 7 mm bis 25 mm dicken Platten zu lösen, ist schwere Handarbeit erforderlich. Sehr vorsichtig werden die Steine, die durch natür-
5 liche Risse und Sprünge bereits in einzelne Platten unterteilt sind, nacheinander abgehoben. Um die einzelnen Lagen, vor allem die nutzbaren „Flinze" von den zu dünnen, tonhaltigen „Fäulen" zu
10 trennen, setzt der Steinbrecher nun den Meißel an. Etwa 2/5 der abgehobenen Schichten können zu Platten verarbeitet werden, weit mehr als die Hälfte kommt auf die hell leuchtenden Schutthalden.
15 Mit einem leichten Hammerschlag überprüft der Steinbrecher die „Reinheit" der gewonnenen Platte; am Klang erkennt er, ob sie brauchbar ist oder ob sie einen feinen, kaum sichtbaren Sprung hat. Nach
20 ihrer Dicke sortiert, werden sie anschließend an die „Zwickerhütte" gelehnt. Dünnere Platten werden meist in ihrer Form belassen und als Terrassen- oder Gartenbeläge verkauft. Auf die anderen
25 Platten zeichnet der Steinbrecher mit quadratischen oder rechteckigen Schablonen die gewünschte Form auf. Mit einem langstieligen Spezialhammer und mit der sehr starken Zwickzange richtet
30 er die Platten zu. Nach der Größe geordnet werden sie in Paletten geschichtet und mit Gabelstaplern oder Lastkraftwagen in die Schleiferei gebracht. Die Platten, die als Bodenbelag vorgesehen sind,
35 werden anschließend auf ihrer Oberfläche geschliffen und poliert.

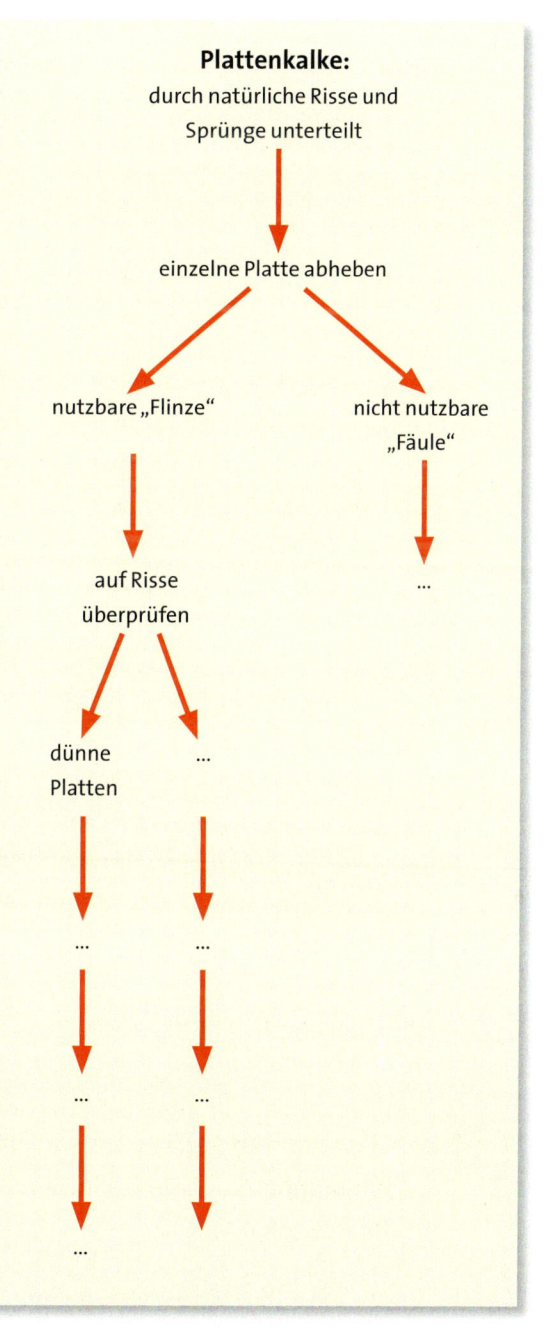

Plattenkalke: durch natürliche Risse und Sprünge unterteilt
↓
einzelne Platte abheben
↙ ↘
nutzbare „Flinze"   nicht nutzbare „Fäule"
↓   ↓
auf Risse überprüfen …
↙ ↘
dünne Platten   …
↓   ↓
…   …
↓   ↓
…   …
↓
…

Wesentliche Informationen herausarbeiten

Tipp
Flussdiagramm: Ablaufdiagramm zur Darstellung des Ablaufs von Arbeitsschritten und Prozessen

2 a) Ergänze die Arbeitsschritte vom Plattenkalk bis zur fertigen Bodenplatte in Form eines Flussdiagramms.

b) Welche Vorteile bietet diese Art der Darstellung gegenüber einem Fließtext? Wo könntest du sie einsetzen?

c) Begründe, warum dieser Text besonders gut für ein Flussdiagramm geeignet ist.

Wesentliche Informationen herausarbeiten

Gegenüberstellung

Kredite

Kredite kommt vom Lateinischen „credere" = glauben, vertrauen. Heute bedeutet einen Kredit aufzunehmen „Geld kaufen". Man geht dabei eine Vereinbarung ein, dass dieses Geld nach einer bestimmten Zeit zurückgezahlt sein muss. Die Rückzahlung – Tilgung – kann in einer Summe oder in Raten erfolgen. Für die Kreditgewährung wird in der Regel ein Entgelt – Zinsen – gezahlt.

Es gibt eine Vielzahl von unterschiedlichen Kreditformen, die sich in der Laufzeit, der Kredithöhe und der Rückzahlungsquote unterscheiden. Sie werden zum Beispiel von Banken angeboten, um den Verbrauchern trotz finanzieller Engpässe Konsumwünsche zu ermöglichen. Wird das Girokonto überzogen, so spricht man von einem Dispositionskredit. Er ist in der Regel bis zum Dreifachen der monatlichen Geldeingänge zulässig. Der Zinssatz, den die Bank verlangt, ist allerdings ziemlich hoch – 12 bis 18 Prozent. Mit dem Ratenkredit kann man größere Anschaffungen und Ausgaben finanzieren. Dabei wird ein vereinbarter Geldbetrag von der Bank bereitgestellt. Schriftlich werden Kredithöhe, Laufzeit, Raten, Zinsen und Gebühren festgehalten. Die Höhe des Zinssatzes kann relativ niedrig sein. Mit Hilfe von Krediten werden zunehmend Käufe in Deutschland getätigt. Wer dabei aber sein monatliches Einkommen sowie die festen Ausgaben oder die Höhe der Raten nicht im Blick behält, für den besteht Gefahr, sich zu überschulden. Vorschnelle Kreditaufnahme, vielleicht auch noch bei unseriösen Anbietern, den sogenannten Kredithaien, erhöhen das Risiko der Verschuldung.

3 a) In diesem Artikel werden zwei wichtige Kreditformen für den Konsumenten vorgestellt. Stelle diese beiden in Form einer Tabelle gegenüber.

... kredit	... kredit
...	...

b) Kredite sind eine Hilfe und eine Gefahr. Stelle auch diese Punkte gegenüber.

c) Benenne die Vorteile einer Gegenüberstellung. Suche Sachverhalte, die für diese Art des Strukturierens geeignet sind.

Wesentliche Informationen herausarbeiten

Teufelskreis

Ein Teufelskreis der Armut in Entwicklungsländern:

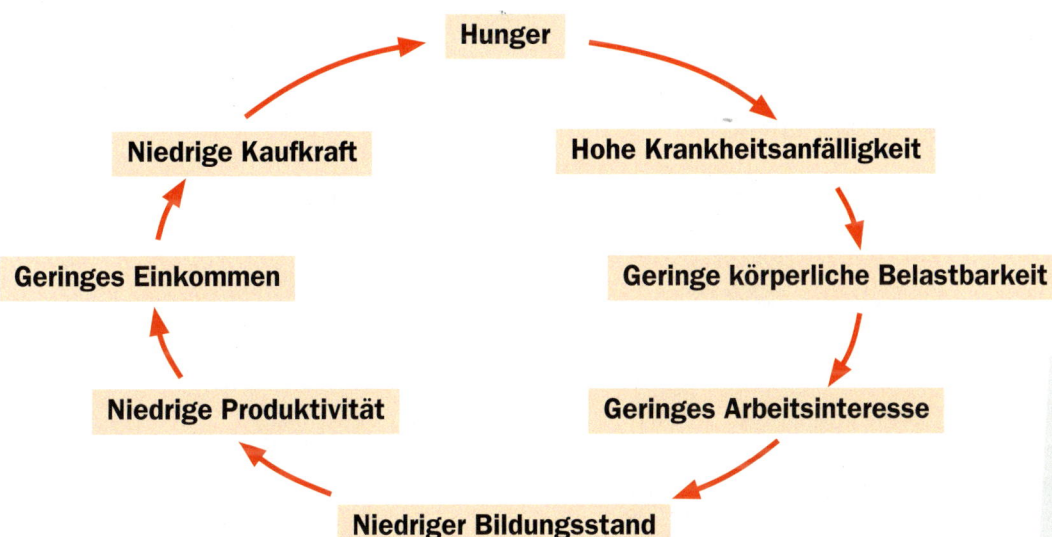

Hunger → Hohe Krankheitsanfälligkeit → Geringe körperliche Belastbarkeit → Geringes Arbeitsinteresse → Niedriger Bildungsstand → Niedrige Produktivität → Geringes Einkommen → Niedrige Kaufkraft → Hunger

Tipp
Produktivität: Ergiebigkeit, Leistungsfähigkeit

4
a) Erläutere anhand dieser Abbildung die Situation vieler Menschen in Entwicklungsländern mit eigenen Worten.

b) Erkläre den Begriff „Teufelskreis". Schlage nach und informiere dich.

c) Erstelle einen Teufelskreis zum Thema Sucht.

Abhängiges Verhalten ist durch einen Teufelskreis gekennzeichnet: Durch den Konsum von Drogen wird eine unbefriedigende und als unerträglich erlebte Situation scheinbar verbessert. Die Droge löst im Körper zunächst eine Entspannung aus, die als wohliges Glücksgefühl der Ruhe und Zufriedenheit beschrieben wird. Dieser Zustand dämpft alle anderen, auch negativen Gefühle wie Schmerzen, Hunger oder Verstimmungen. Lässt die Wirkung der Substanz aber nach, kommt es im wahrsten Sinne des Wortes zu einer „Ernüchterung". Die Person muss feststellen, dass sich ihre Situation nicht wirklich verändert hat. Oft erscheint sie sogar noch unerträglicher, sodass die Person jetzt erst recht die Droge konsumiert, um der Situation zu entfliehen. Da der Körper in zunehmendem Maß diese Substanz „toleriert", benötigt er immer größere Mengen, um die gewünschte Wirkung zu erzielen. Dieser Druck ist so stark, dass Abhängige ihr Leben letztlich nur noch nach der Beschaffung der Droge ausrichten und daher sich selbst und andere meist belügen und betrügen.

---

d) Stelle einen Teufelskreis zur Problematik „Verschuldung" dar. Suche geeignetes Material im AWT-Buch.

Material zum Vortrag vorbereiten

Referate präsentieren

Präsentationshilfen für den Vortrag

Hier wurde das Referatsthema „Die Jeans erobert die Welt" gewählt. Nach gründlicher Vorarbeit (Informationsbeschaffung, Informationsauswertung) wurde Anschauungsmaterial herausgesucht und eine Gliederung erstellt:

1
a) Welche Vorteile bietet es für den Vortragenden/die Vortragende und die Zuhörerschaft, eine Gliederung des Referats zu präsentieren?

b) Sucht andere Präsentationsmöglichkeiten für die Gliederung. Besprecht ihre Vor- und Nachteile.

Material zum Vortrag vorbereiten

2 Mache den Inhalt jedes Gliederungspunktes durch Material anschaulich. Wenn es um eine geschichtliche Entwicklung geht, ist der Einsatz einer selbst hergestellten Zeitleiste eine gute Idee.

Tipp
Fotos oder Wortkarten sollten ordentlich ausgeschnitten und auf farbigem Papier aufgeklebt sein.

1853   1930   1950   1970   1980

a) Suche zu jeder Etappe ein Schlagwort und ordne es der Zeitleiste zu. Lies dazu den folgenden Text:

Von der Arbeiterhose zum Kulturobjekt
1853 ließ Levi Strauss die ersten Jeans aus robustem Baumwollstoff als Hosen für Goldgräber schneidern. ... In den 30er Jahren wurde der Hosenträger vom Gürtel abgelöst. In den Fünfzigern entdeckten die Jugendlichen die Jeans als Symbol des Protests gegen Tradition und Autorität. Amerikanische Soldaten brachten sie nach dem Zweiten Weltkrieg nach Europa. Durch Filmstars wie James Dean und Marlon Brando wurde ihr Bekanntheitsgrad weiter gesteigert. Seit den 80er Jahren ist es beliebt, die Jeans chemisch oder mechanisch (Steintrommeln, Sandstrahlen) zu bleichen, sodass sie schon beim Kauf gebraucht aussehen (used look).

b) Probiere unterschiedliche Gestaltungsmöglichkeiten der Zeitleiste in Kombination mit den „Schlagwörtern" aus.
Achte auf Zeitaufwand, Machbarkeit und Lesbarkeit.

c) Wie kann man den Gliederungspunkt „Jeans im Wandel der Zeit" mit anderem Material veranschaulichen?

d) Recherchiert zu den anderen Gliederungspunkten. Arbeitet diese aus und präsentiert sie.

Tipp
Recherchieren im Internet:
Grenzt durch die Eingabe mehrerer Suchbegriffe das Suchergebnis ein. Informiert euch auf der Hilfe-Seite der Suchmaschine darüber, wie ihr die Suchbegriffe eingeben müsst.

Material zum Vortrag vorbereiten

Präsentationen zum Einstieg

Es gibt unterschiedliche Mittel, gleich zu Beginn die Neugierde der Zuhörerinnen und Zuhörer für dein Referat zu wecken.

3 a) Schreibe Ideen für einen interessanten Einstieg auf.

(START) Landkarte

b) Welcher Einstieg weckt das Interesse der Zuhörerschaft zum Thema „Robert Koch" am meisten? Begründe es.

A

B

Zitat: „Wenn ein Arzt hinter dem Sarg seines Patienten geht, folgt manchmal tatsächlich die Ursache der Wirkung."

http://natune.net/zitate/autor/Robert+Koch

C

Ich halte heute mein Referat über Robert Koch...

D

c) Suche passende Einstiegssätze zu den Beispielen A, B und D.

d) Überlegt euch interessante Einstiege zu folgenden Themen:
  - Ludwig van Beethoven
  - Tropische Wirbelstürme

4 Im Beispiel B wurde als Einstieg ein Zitat verwendet. Da diese Aussage nicht von dir stammt, sondern von Robert Koch, musst du dies deutlich machen.

... Das war ein Zitat von Robert Koch.

a) Wann ist ein Zitat als Einstieg sinnvoll?

b) Überlege, wann ein Zitat auch an anderer Stelle des Referats eingesetzt werden kann.

Merke!
Der Beginn des Zitats wird durch die Worte „Ich zitiere" und das Ende durch das Wort „Zitatende" gekennzeichnet.

Richtig zitieren
▶ S. 96 f.

Ein Handout gestalten

5 Ein Handout ermöglicht, dass die Zuhörerinnen und Zuhörer die wichtigsten Informationen zum Thema nachlesen können.

a) Lies dieses Handout. Welche Inhalte der Biografie Robert Kochs enthält es?

b) Obwohl dieses Handout die wichtigsten Inhalte des Referats über Robert Koch enthält, ist die Anordnung falsch und unübersichtlich. Nennt Verbesserungsvorschläge.

Robert Koch
Bedeutung:
Robert Koch war ein deutscher Wissenschaftler, berühmter Mediziner und Nobelpreisträger. Er begründete die moderne Bakteriologie, entdeckte mehrere krankheitserregende Bakterien, darunter den Erreger der Tuberkulose. Er war Direktor des Instituts für Infektionskrankheiten in Berlin, das heute noch seinen Namen trägt: das Robert-Koch-Institut.

Lebensdaten
Geburtsdatum: 11.12.1843
Geburtsort: Clausthal
Todesdatum: 27.5.1910
Todesort: Baden-Baden

Wichtige Stationen im Wirken und Schaffen Robert Kochs
1862 Studium an Universität Göttingen
1866 Doktor der Medizin
1880 Regierungsrat im Kaiserlichen Gesundheitsamt
1882 Tuberkulose-Bazillus entdeckt
1883 Cholera-Bakterium erforscht
1905 Nobelpreis für Physiologie und Medizin

Referentin: Susi Lyra
Datum: 1.4.2006
Thema: Robert Koch
Fach/Lehrer: Deutsch/Herr Stör

---

c) Gestaltet den Inhalt des Handouts neu, indem ihr ihn übersichtlich und ansprechend auf einer Seite anordnet.
Stellt euch eure Entwürfe gegenseitig vor und wertet sie aus.

6 An welcher Stelle deines Referates solltest du das Handout austeilen? Begründe.

Tipp

Handout (engl.): ausgegebene Informationsunterlage zu einem Thema, in der die wichtigsten Informationen (meist in Stichpunkten) stehen.

Tipp

Gestaltungstipps:
- Angemessener Rand
- Hervorhebungen, z.B. durch Schriftgröße, Fettsetzung oder Unterstreichungen
- Übersichtliche Anordnung, z.B. mit (Absätzen, Rahmen, Tabellen)
- wenn möglich kopierfähiges Anschauungsmaterial

Material zum Vortrag vorbereiten

Ein Handout mit einer Aufgabe

Deine Zuhörerinnen und Zuhörer können ihr gewonnenes Wissen einbringen, wenn du im Handout eine kleine Aufgabe für sie stellst.

7 a) Formuliere die Aufgabe für dieses Handout.

Referentin: Susi Lyra
Datum: 1.4.2006
Thema: Robert Koch
Fach, Lehrer: Deutsch, Herr Stör

Lebensdaten
Geburtsdatum: 11.12.1843
Geburtsort: Clausthal
Todesdatum: 27.5.1910
Todesort: Baden-Baden

Wichtige Stationen im beruflichen Leben
- 1862 Studium an Universität Göttingen
- 1866 Doktor der Medizin
- 1880 Regierungsrat im Kaiserlichen Gesundheitsamt
- 1882 Tuberkulose-Bazillus entdeckt
- 1883 Cholera-Bakterium erforscht
- 1905 Nobelpreis für Physiologie und Medizin

Mikroskop	- Lehre von den Bakterien
Experiment	- Krankheitserreger
Bazillen	- Versuch, gewagtes Unternehmen
Bakteriologie	- optisches Vergrößerungsgerät
Laboratorium	- konservierte Tier- oder Pflanzenkörper zu Forschungszwecken
Präparat	- Forschungsstätte für biologische oder chemische Versuche

💡 Robert Koch war ein deutscher Wissenschaftler, berühmter Mediziner und Nobelpreisträger. Er begründete die moderne Bakteriologie, entdeckte mehrere krankheitserregende Bakterien, darunter den Erreger der Tuberkulose. Er war Direktor des Instituts für Infektionskrankheiten in Berlin, das heute noch seinen Namen trägt: das Robert-Koch-Institut.

---

b) Welche verschiedenen Funktionen hat diese Aufgabe?

c) Welche Möglichkeiten für Aufgabenstellungen kennst du bereits? Stelle sie zusammen.

d) Stelle eine kleine Zusatzaufgabe zum Thema Robert Koch.

Material zum Vortrag vorbereiten

Checkliste für das Referat

8 Bereite mit Hilfe der Checkliste einen Vortrag vor.

CHECKLISTE FÜR DAS REFERAT

Vorbereitungen

1. **Referatsthema analysieren**
   - genau lesen
   - Thema klären

2. **Stoffsammlung erstellen**
   - Cluster zum Thema erstellen
   - Informationsquellen auswählen und nutzen, z. B.: Nachschlagewerke, Zeitungen, Internet
   - Texte bearbeiten, Wichtiges unterstreichen

3. **Informationen ordnen**
   - Informationen auswählen und den folgenden Teilen des Referats zuordnen: Einleitung, Hauptteil, Schluss
   - Gliederungspunkte für den Hauptteil formulieren
   - Karteikärtchen vorbereiten
   - Handout vorbereiten

4. **Eigene Meinung bilden**
   - Was schließt du aus deinen Informationen?

Präsentation des Referats

5. **Einstieg**
   - Zuhörer motivieren, Blickkontakt aufnehmen
   - Zuhörer zum Thema hinführen (Bild, Zitat, …)

6. **Einleitung**
   - Thema nennen
   - Gliederung vorstellen (z. B. auf Plakat)

7. **Hauptteil**
   - Karteikärtchen geordnet bereithalten
   - Sprechpausen beim Wechseln der Karteikärtchen nutzen für Blickkontakt
   - Anschauungsmaterial präsentieren
   - verständlich und frei sprechen
   - Fachbegriffe erklären

8. **Schluss**
   - das Wichtigste zusammenfassen
   - begründen, warum man das Thema gewählt hat
   - eigene Meinung zum Thema formulieren und begründen

Texte überarbeiten

Sprachliche Richtigkeit überprüfen

1 Überarbeite die Beispielsätze. Achte auf die Korrekturzeichen.

a) Lies den Text laut. Du bemerkst dabei leichter als beim stillen Lesen, ob Wörter oder Endungen fehlen oder ob sich Wörter unnötig wiederholen.

> Die Mutter versucht, ihre Kinder mit übertriebener Fürsorge ~~die Kinder~~ bei sich zu behalten. Außerdem versucht *sie* das Eigenleben ihrer Kinder einzuschränken. Dabei erreicht sie aber, dass die *diese* Kinder sie belügen*.* ~~weil sie von der Mutter zu sehr eingeschränkt werden.~~

Tipp 1
Laut lesen!
Vollständigkeit prüfen
Überflüssiges streichen

b) Achte darauf, ob die Personalform stimmt und ob die passende Zeitform verwendet wurde. Überprüfe, ob Sätze dabei sind, die im Konjunktiv stehen müssen (z. B. indirekte Rede).

> Für die Schülerzeitung führten wir ein Interview mit unserem Bürgermeister Willi Bräunlein durch. Wir ~~haben~~ *stellten* dem Bürgermeister einige Fragen ~~gestellt~~, z. B. was denn jetzt mit der Skateboardbahn ~~ist~~ *sei*. Er meint*e,* der Gemeinderat werde ~~/~~ gegen den Bau stimmen.

Tipp 2
Verbformen kontrollieren

c) Stimmt der Bezug zwischen Subjekt und Prädikat im Text nicht überein, so werden Aussagen missverständlich. Überprüfe, ob der Gedankengang logisch und eindeutig verständlich ist.

> Die Eltern fühlen sich, als würden sie nicht mehr gebraucht. Sie denken, dass sie alles falsch gemacht haben. ~~Sie~~ *Ihre Kinder* schwänzen die Schule und treffen sich stattdessen mit Freunden.

Tipp 3
Zusammenhänge und Bezüge im Text beachten

> Sie haben die Kinder früher nie aus den Augen gelassen, immer nach ihnen geschaut. Wenn ~~es~~ *sie* nun irgendwann alleine wohn*en*, können ~~sie~~ *die Eltern* das nicht mehr.

> Die Eltern wollen auch immer wissen, wo man ist, oder sie schreiben einem vor, wann ~~sie~~ *man* zu Hause sein soll~~en~~.

Den sprachlichen Stil verbessern

2 Durch passende Verknüpfungen kannst du Zusammenhänge in deinem Text besser herausstellen.

> Einerseits ist auch Kindern klar, dass Trickfilme nichts mit der Realität zu tun haben. Andererseits aber tragen auch diese Filme zur Verharmlosung von Gewalt bei, vor allem dann, wenn kleinere Kinder sich ständig solche Sendungen ansehen.

einerseits – andererseits, außerdem, dazu kommen sowohl/als auch, zwar/aber, daher, deshalb, folglich

Überarbeite den Text von Aufgabe 1c, indem du einige verknüpfende Wörter verwendest. Probiere zwei Möglichkeiten aus.

3 Für Einleitungen und Überleitungen ist es nützlich, einige Formulierungen parat zu haben.

Man hat festgestellt, … Immer wieder ist zu beobachten, …
Daraus kann man schließen, … Die Beispiele machen deutlich, …
Ich habe die Erfahrung gemacht, …

Bilde mit jeder Formulierung einen Satz, der zu dem Thema von Aufgabe 2 passt.

4 Bei vielen Aufgaben wirst du dazu aufgefordert, zu begründen.
Beispiel: Die Autorin hat über Frieden geschrieben. Begründe, warum sie zu diesem Thema eine Alltagsgeschichte ausgewählt hat.
Lösung: Weil Friede zu Hause bzw. keine Gewalt und so etwas die beste Voraussetzung für ein friedliches Zusammenleben ist.

a) Diese Lösung ist zwar sachlich richtig, aber überarbeitungsbedürftig. Verbessere. Beginne nicht mit „weil" und schreibe mehrere Sätze. Ein guter „Trick" ist es, die Formulierung der Aufgabenstellung aufzugreifen:

Die Autorin hat eine Alltagsgeschichte ausgewählt, um zu zeigen … / da sie … / denn …

b) Formuliere einen einleitenden Satz zu dieser Aufgabe:
Die Überschrift lautet „Handy ist trendy". Schreibe zwei Gründe auf, weshalb der Autor diesen Titel gewählt hat.

Individuelle Fehler erkennen, Lösungshilfen anwenden

Richtig schreiben

Fehlerschwerpunkte erkennen, Rechtschreibstrategien festigen

Lösungshilfen anwenden

Der Freitag, an dem Max in die *Mechanikerwerkstatt/Mechanikerwerkstadt/Mechanickerwerkstatt* eintreten sollte, kam *neher/näher*. Mit seinem Vater kaufte er einen *Blauen/blauen/blauem* Leinenanzug und eine *halbwollene/halb wollene/halb Wollene* Mütze. Er *probierte/propier-*
5 *te/bropierte* das Zeug an und kam sich in der neuen *Schloßeruniform/ Schlosseruniform* ziemlich *verändert/verendert* vor. *Schließlich/Schliesslich/Schlieslich* war er froh, als der lange *erwate/erwartete/erwatete* Freitag da war. Zeitig am *Morgen/morgen* zog er die neue blaue Arbeitskleidung an, *setzte/sezte/sätzte* die Mütze auf und
10 ging ein *Wenig/wenig* zaghaft an die *Arbeit/arbeit*.
Der Meister war gerade am *Schmieden/schmieden*. Unter seinen gezielten *Schlägen/Schlegen erhielt/erhiehlt/er hielt* das glühende Metall die gewünschte *Form/Vorm*. Ohne Fleiß kein *Preiß/Preis* lautete seine *Deviese/Device/Devise*.

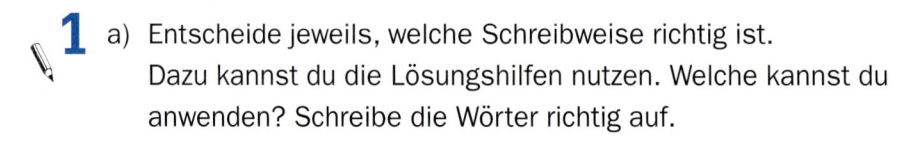

1 a) Entscheide jeweils, welche Schreibweise richtig ist. Dazu kannst du die Lösungshilfen nutzen. Welche kannst du anwenden? Schreibe die Wörter richtig auf.

b) Schlage die Wörter nach, deren Schreibweise du nicht mit den aufgeführten Lösungshilfen herausfinden konntest.

c) Kontrolliere alle Wörter mit dem Lösungsteil.

Lösungen nach den Text- und Bildquellen

Lösungshilfen

Deutlich sprechen
z. B. auf kurze und lange Vokale achten
das Fass – der Fuß

Wörter verlängern
z. B. *klingt – klingen*

Wortbausteine erkennen
z. B. Vor- und Nachsilben
<u>ver</u>langen

Verwandte Wörter suchen
z. B. n<u>ä</u>her – n<u>a</u>h

Individuelle Fehler erkennen, Lösungshilfen anwenden

Schreibregeln von einem Beispiel ableiten
z. B. *Techniker – Elektriker*

grammatisches Wissen einsetzen
z. B. Nomen an Begleitwörtern erkennen
etwas Schönes

Rechtschreibregeln anwenden
z. B. typische Nachsilben bei Nomen erkennen
Erwartung   Erlaubnis

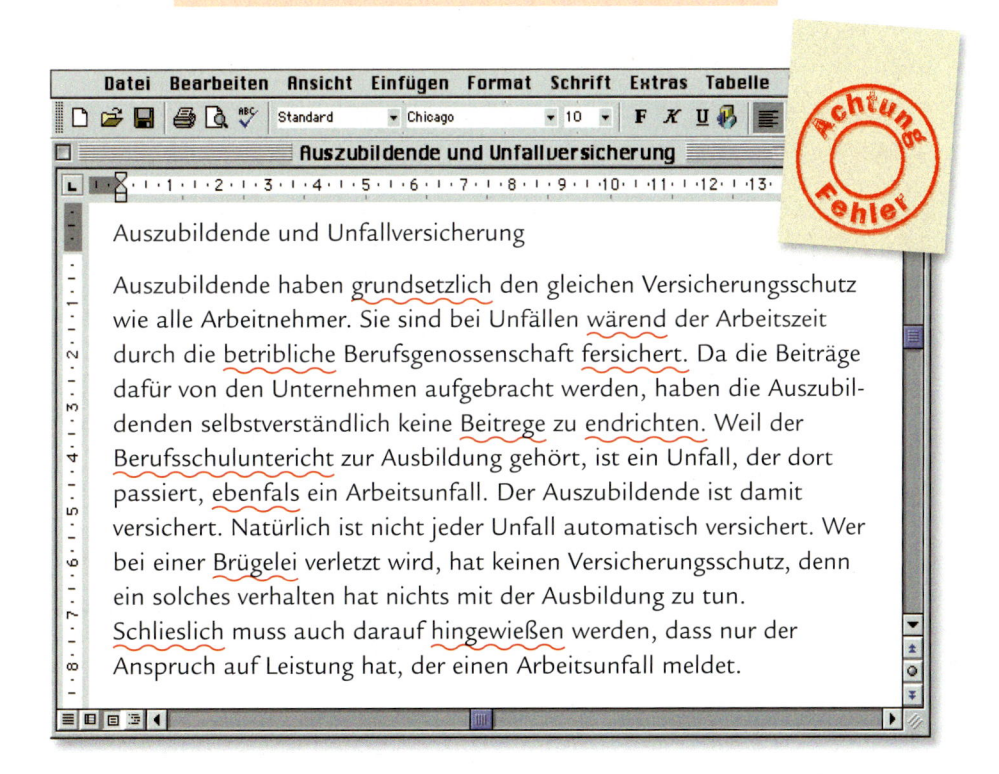

Auszubildende und Unfallversicherung

Auszubildende haben grundsetzlich den gleichen Versicherungsschutz wie alle Arbeitnehmer. Sie sind bei Unfällen wärend der Arbeitszeit durch die betribliche Berufsgenossenschaft fersichert. Da die Beiträge dafür von den Unternehmen aufgebracht werden, haben die Auszubildenden selbstverständlich keine Beitrege zu endrichten. Weil der Berufsschulunthericht zur Ausbildung gehört, ist ein Unfall, der dort passiert, ebenfals ein Arbeitsunfall. Der Auszubildende ist damit versichert. Natürlich ist nicht jeder Unfall automatisch versichert. Wer bei einer Brügelei verletzt wird, hat keinen Versicherungsschutz, denn ein solches verhalten hat nichts mit der Ausbildung zu tun. Schlieslich muss auch darauf hingewießen werden, dass nur der Anspruch auf Leistung hat, der einen Arbeitsunfall meldet.

Achtung Fehler

Tipp
Nicht bei allen Fehlerwörtern helfen die Lösungshilfen. Schlage diese Wörter nach.

2 a) In diesem Text werden von der Rechtschreibprüfung 11 Fehler angezeigt. Ein Fehler ist nicht markiert. Welcher?

b) Korrigiere die Fehler. Verwende dazu die Lösungshilfen. Schreibe jeweils das Wort bzw. die Textstelle richtig auf. Notiere auch die Lösungshilfe.

START   *grundsätzlich – Grundsatz – Satz* (Wortverwandte suchen)
...

c) Lass dir den Text von einem Partner/einer Partnerin diktieren. Markiere mit Bleistift die Wörter oder Textstellen, bei deren Schreibung du dir noch nicht sicher bist.

d) Wende nochmals die Lösungshilfen von S. 110 und 111 an oder schlage im Wörterbuch nach.

Individuelle Fehler erkennen, Lösungshilfen anwenden

Ein eigenes Übungsprogramm erstellen

Tipp 1
Achte bei allem, was du schreibst, auf die richtige Schreibweise, nicht nur bei Tests. Lies deine Texte noch einmal aufmerksam und korrigiere vor allem Flüchtigkeitsfehler.

Tipp 2
Beim Abschreiben solltest du dir immer ganze Wortgruppen einprägen und diese auswendig aufschreiben. Teile dazu die einzelnen Sätze in Sinnabschnitte, die du dir merken kannst.

Tipp 3
Benutze korrigierte Texte als Übungsgrundlage. Sammle deine korrigierten Fehlerwörter, z. B. in einer Rechtschreibkartei, und ordne sie nach Fehlergruppen. Stelle deine Fehlerschwerpunkte fest.

Tipp
Fehlergruppe/Fehlerschwerpunkt
- Großschreibung
- Kleinschreibung
- Dehnung (mit Dehnungs-h?, mit Doppelvokal?)
- Doppelkonsonanten
- s-Laut
- Getrennt- und Zusammenschreibung
- Fremdwörter
- dass-Sätze
- Kommasetzung

Übungen

Schreibe die Wörter mehrmals richtig auf. Markiere die schwierigen Stellen. Zerlege das Wort in Sprechsilben, z. B.: *ge-fühl-los*

Suche verwandte Wörter, Zusammensetzungen oder Ableitungen, z. B.:
außerdem – äußerlich – die Äußerung – der Außenseiter – veräußern

Bilde Übungsreihen aus Wörtern mit der gleichen Schreibweise, z. B.:
die Sensation, die Aktion, die Produktion

Bilde mit den Fehlerwörtern ganze Sätze, z. B.:
laufend – Die laufende Maschine machte einen Höllenlärm.

Suche zu Nomen verschiedene Begleitwörter. Setze die Nomen auch in den Plural, z. B.: *der Erwachsene, die Erwachsenen, viele Erwachsene die meisten Erwachsenen, nur wenige Erwachsene, kein Erwachsener*

Stelle Wortlisten zusammen und übe damit, z. B.:

Großschreibung	**Wörter mit ie**	**Wörter mit ss**
zu Hause, nach Hause	ziemlich	(es) passt
heute Abend	funktionieren	(sie) musste
viel Gutes	vielleicht	ein bisschen
das Fußballspielen	(es) passiert	interessant

Individuelle Fehler erkennen, Lösungshilfen anwenden

3 Aus deinen Fehlern kannst du lernen. Je nach Fehlerart sind unterschiedliche Übungsformen sinnvoll. Welche Übungen passen am besten zu den folgenden Fehlern? Probiere die Übungsformen aus.

Fehler

anschli<u>ess</u>end	h<u>eu</u>fig	<u>S</u>eitenweise
ausger<u>eu</u>mt	das La<u>c</u>ken	Erz<u>eu</u>knis
en<u>dt</u>äuscht	Freundi<u>n</u>en	verg<u>e</u>sen

4 Offizielle Schreiben bestimmen wie eine Visitenkarte den ersten Eindruck, den jemand von dir gewinnt. Deshalb sollte der Text unbedingt richtig geschrieben sein.

a) Wende für die unterkringelten Wörter Lösungshilfen an und schreibe sie richtig auf.

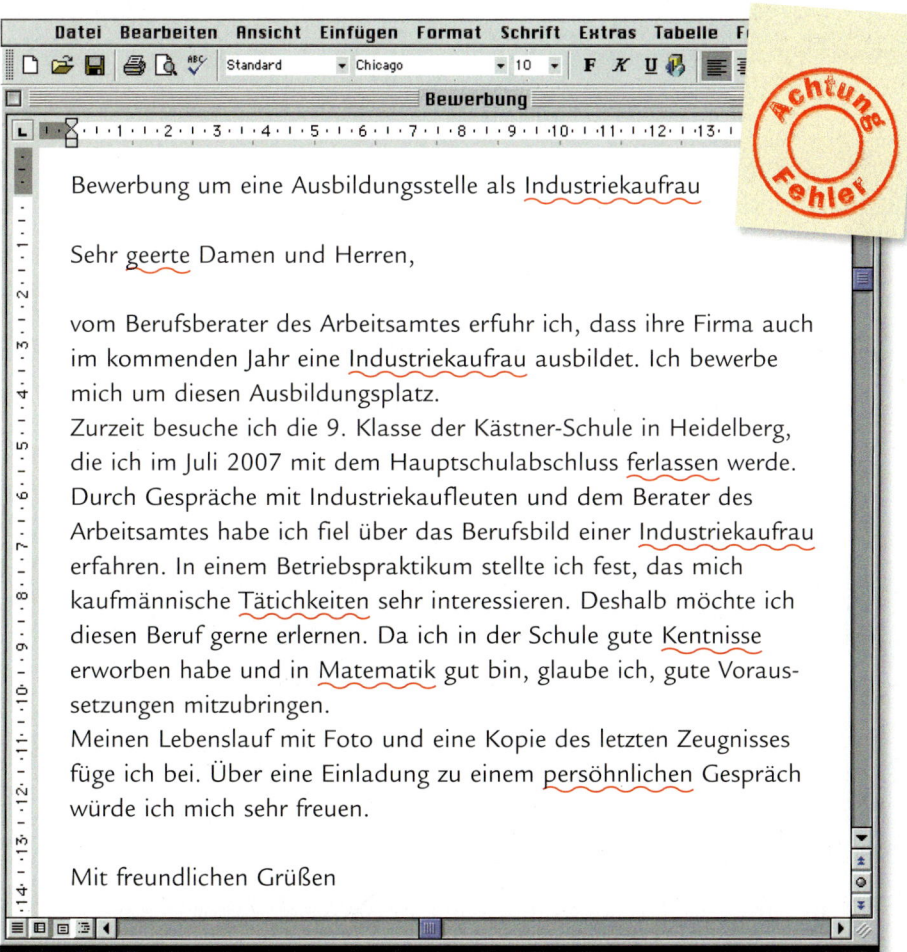

> **Bewerbung um eine Ausbildungsstelle als Industriekaufrau**
>
> Sehr geerte Damen und Herren,
>
> vom Berufsberater des Arbeitsamtes erfuhr ich, dass ihre Firma auch im kommenden Jahr eine Industriekaufrau ausbildet. Ich bewerbe mich um diesen Ausbildungsplatz.
> Zurzeit besuche ich die 9. Klasse der Kästner-Schule in Heidelberg, die ich im Juli 2007 mit dem Hauptschulabschluss ferlassen werde. Durch Gespräche mit Industriekaufleuten und dem Berater des Arbeitsamtes habe ich fiel über das Berufsbild einer Industriekaufrau erfahren. In einem Betriebspraktikum stellte ich fest, das mich kaufmännische Tätichkeiten sehr interessieren. Deshalb möchte ich diesen Beruf gerne erlernen. Da ich in der Schule gute Kentnisse erworben habe und in Matematik gut bin, glaube ich, gute Voraussetzungen mitzubringen.
> Meinen Lebenslauf mit Foto und eine Kopie des letzten Zeugnisses füge ich bei. Über eine Einladung zu einem persöhnlichen Gespräch würde ich mich sehr freuen.
>
> Mit freundlichen Grüßen

Achtung Fehler

b) Welche drei Fehler werden nicht von der Rechtschreibprüfung erkannt? Warum nicht?

c) Schreibe das Bewerbungsschreiben richtig auf.

Regelhaftigkeiten kennen und anwenden

Groß und Kleinschreibung

Komische Erfindungen

Längst nicht alles, was mit großem Erfindergeist ausgetüftelt wurde, hat Verwendung gefunden. Mitunter nämlich geht beim Erfinden auch mal was daneben. […]
5   Einige Erfinder bemühten sich, ihren Zeitgenossen einen genussreichen Nachtschlaf zu verschaffen. Auch gegen das Schnarchen gab es etwas. Der eine erfand ein Luftkissen, durch das die Kinnlade des Schlafenden am Herab-
10 fallen gehindert wird. Ein anderer konstruierte ein Gerät, das kräftige Schnarcher mit einem elektrischen Schlag strafte, wenn sie eine gewisse Lautstärke überschritten. Man sollte über Derartiges nicht nur schmunzeln.
15 Denn was wäre die Menschheit ohne das Bedürfnis, Erfindungen zu machen? Es gäbe weder Radio noch Raumfahrtrakete, nicht einmal das Fahrrad oder Computer. Es gäbe keine Nähnadel, kein Streichholz. Nichts wäre vor-
20 handen von den vielen nützlichen Dingen, mit denen wir uns umgeben und die uns das Leben leichter und angenehmer machen. Erfinden heißt eben auch Suchen nach etwas Neuem. Und oft ist etwas Nützliches dabei
25 herausgekommen.

1 a) Lege eine Tabelle an und ordne Beispiele aus dem Text ein.

mit Artikel	mit verschmolzenem Artikel	mit Pronomen	mit Mengenwort
der Patentämter	beim Erfinden	(auf) ihre Verwirklichung	viele Ideen
…	…	…	…

b) Schreibe zu jeder Spalte weitere eigene Beispiele auf.

2 Nicht alle Beispiele lassen sich so leicht einordnen. Oft stehen weitere Wörter zwischen Artikel und dazugehörigem Nomen.

a) Schreibe Beispiele aus dem Text auf.
Verbinde Begleitwort und Nomen mit einem Pfeil.

einen genussreichen Nachtschlaf

b) Tausche die eingeschobenen Wörter gegen andere aus.
Du kannst auch weitere Wörter dazwischenschieben.

einen ungestörten, ruhigen Nachtschlaf

Merke!

Nomen und als Nomen gebrauchte Wörter werden großgeschrieben. Man erkennt sie an ihren Begleitwörtern:

Artikel:
die Idee,
eine Idee

Präposition:
für die Idee

Pronomen:
seine Idee,
diese Idee

Numerale (Mengenwörter):
einige Ideen,
viele Ideen

Regelhaftigkeiten
kennen und
anwenden

c) Schreibe weitere Nomen aus dem Text mit Artikel oder Mengenwort auf und schiebe Wörter dazwischen.

START **viele komische Ideen**

d) Nicht immer haben Nomen begleitende „Signalwörter". Dann musst du dir den Artikel denken. Suche Beispiele aus dem Text. Ergänze einen gedachten Artikel.

START **hat (eine) Verwendung gefunden**

3 Häufig werden Nomen durch Ableitung gebildet.

a) Schreibe weitere Beispiele aus dem Text von Seite 114 auf.

START **erfinden ⟶ die Erfinder, die Erfindung**

b) Viele Nomen werden über einen Zwischenschritt gebildet:
  verletzen ⟶ verletzt ⟶ der Verletzte
  fangen ⟶ gefangen ⟶ der Gefangene
  entscheiden ⟶ entscheidend ⟶ das Entscheidende

Forme die Wörter der Wortliste in ähnlicher Weise um und schreibe Sätze dazu auf.

START **Der verletzte Schüler wurde ins Krankenhaus gebracht.**

Der Verletzte wurde ins Krankenhaus gebracht.

auffallen
hören
verfolgen
schreiben
lieben
lernen
anklagen
verbieten

4 Schreibe die Sätze richtig ab und verbinde Begleitwort und Nomen mit einem Pfeil.

START **In meiner Ausbildung möchte ich viel Neues lernen.**

In meiner Ausbildung möchte ich viele neue Dinge lernen.

In der Zeitung habe ich etwas INTERESSANTES über Bewerbungen gelesen.
Von dieser Firma habe ich viel GUTES gehört.
Alle TECHNISCHEN FRAGEN interessieren mich.
Im Oktober kam ein NEUES MODELL von meinem Handy auf den Markt.
Für mein Vorstellungsgespräch kaufe ich mir etwas NEUES zum Anziehen.
Alles TECHNISCHE macht mir viel Spaß.

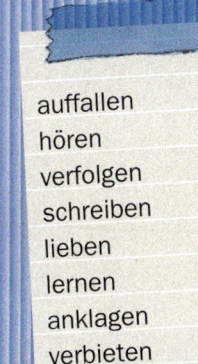

Merke!
Wörter wie **alles, viel, wenig, manches, etwas, nichts, genug, kaum** sind Mengenwörter und können Nomen begleiten.

115

Regelhaftigkeiten kennen und anwenden

Freude am Mofafahren

Mofafahren macht Spaß. Die Technik gibt dir dabei mehr Möglichkeiten, als du mit dem Fahrrad hast. Du übernimmst damit auch eine größere Verantwortung. [...] Vor
5 dem Starten sollte das Mofa ein wenig geschüttelt werden, damit sich Öl und Benzin im Tank besser vermischen. Das Anfahren ist aber nicht nur ein technisches Problem. Übe das langsame Anfahren mit
10 Sicherungsblick nach hinten. Ein Blick in den Rückspiegel reicht in diesem Falle nicht aus. Warte eine ausreichende Verkehrslücke ab und gib Handzeichen! Einhändig lenken und Fahrtrichtung anzei-
15 gen sind wichtige Vorraussetzungen für sicheres Mofafahren. Beim Vorbeifahren und Überholen musst du die Spur wechseln. Darum ist der Sicherungsblick nach hinten auch hier lebenswichtig, und nicht
20 nur beim Anfahren. Richtiges und rechtzeitiges Bremsen lernst du durch Übungen im „Zielbremsen" (das Stehenbleiben an einem gekennzeichneten Punkt), im „Vollbremsen" (bei unerwarteten Hindernis-
25 sen) und im „Verzögerungsbremsen" (bei wechselnder Geschwindigkeit Sicherheitsabstand einhalten). Auch das Anhalten kann gefährlich werden. Übe besonders das Heranfahren an den rechten
30 Fahrbahnrand und Absteigen nach rechts. Erst mit der Zeit bekommt man ein sicheres Gespür dafür, wie Verkehrssituationen ablaufen und wo verborgene Gefahren lauern.

5 Schreibe den Text ab. Unterstreiche bei jedem großgeschriebenen Wort das Begleitwort oder die ganze Wortgruppe, zu der es gehört.

(START) Freude am Mofafahren

6 In dem Text gibt es sehr viele als Nomen gebrauchte Verben.

a) Schreibe sie mit dem Begleitwort oder mit der dazugehörigen Wortgruppe auf.

(START) am Mofafahren, vor dem Starten

b) Schreibe geeignete Textstellen so um wie in folgenden Beispielen:

(START) vor dem Starten – bevor du startest
übe das Anfahren – übe anzufahren

7 Einige Nomen im Text haben kein begleitendes Wort, welches hilft, die Großschreibung zu erkennen.
Schreibe Beispiele aus dem Text auf und ergänze die gedachten Begleitwörter.

(START) (Das) Mofafahren macht (viel) Spaß.

Regelhaftigkeiten kennen und anwenden

Die Ausbildungsleiterin eines Kaufhauses sagt:

„32 Bewerbungsschreiben stapelten sich auf meinem Schreibtisch. 30 davon glichen sich wie ein Ei dem anderen. Kaum ein Wort darüber, warum sich die Jugendlichen für diesen Beruf entschieden haben."

8 a) Schreibe Sätze, die sagen, warum sich jemand für diese Berufe bewirbt. Verwende dabei auch nominalisierte Verben.

Tipp
Achte darauf, dass du zwischen Nominalisierungen und echten Verben abwechselst.

▶ **Florist/-in**
Er/Sie pflegt, versorgt Blumen, gestaltet Blumen- und Pflanzenschmuck, bindet Sträuße, fertigt Kränze, Braut- sowie Tisch- und Raumschmuck. Außerdem berät er/sie Kunden bei der Auswahl von Schnittblumen, Gestecken usw.

Mir macht das Pflegen und Versorgen von Blumen ebenso Spaß wie das Binden von Sträußen und das Beraten von Kunden.

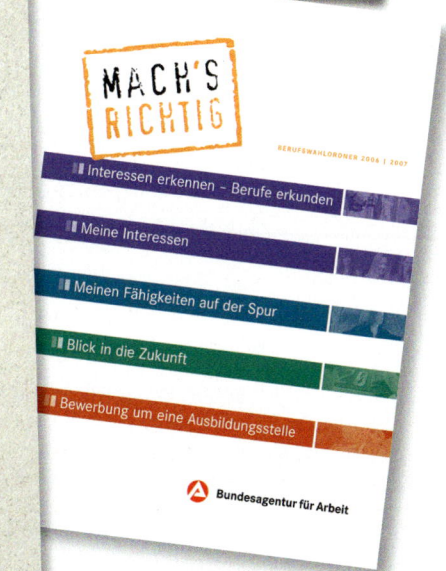

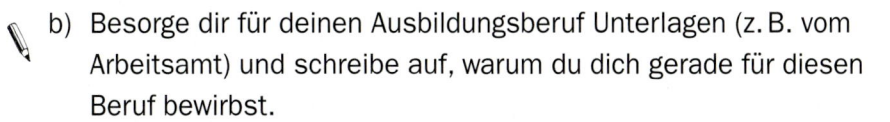

▶ **Maler/-in**
Zu seinem/ihrem Aufgabengebiet gehört es, Fassaden zu gestalten und Wände, Decken und Fenster zu streichen. Eine weitere Aufgabe ist, denkmalgeschützte Gebäude zu pflegen und zu renovieren.

▶ **Raumausstatter/-in**
Er/Sie verlegt Böden, bringt Vorhänge und Dekorationen an, arbeitet Möbel auf und berät Kunden.

▶ **Erzieher/-in**
Er/Sie arbeitet mit Kindern, malt, spielt, singt und bastelt mit ihnen, erzählt ihnen Geschichten und macht Ausflüge.

▶ **Restaurantfachmann/Restaurantfachfrau**
Restaurantfachleute bedienen und betreuen Gäste. Sie arbeiten im Restaurant, am Büfett, an der Bar, servieren Speisen und Getränke. Sie planen, kalkulieren, organisieren Veranstaltungen und führen diese durch.

b) Besorge dir für deinen Ausbildungsberuf Unterlagen (z. B. vom Arbeitsamt) und schreibe auf, warum du dich gerade für diesen Beruf bewirbst.

c) Stellt euch eure Texte gegenseitig vor.

Regelhaftigkeiten kennen und anwenden

Schreibung von Namen und Titeln

> Zur Alten Post, Hinter dem Wäldchen, Katharina die Große, Heinrich der Achte (Heinrich VIII.), der Pazifische Ozean, das Ulmer Münster, das Städtische Krankenhaus, der Heilige Abend, der Westfälische Frieden, der Atlantische Ozean

9 a) Ordne die Wörter der Liste oben in die Tabelle ein. Ergänze pro Spalte drei weitere Beispiele.

Namen von Straßen, und Plätzen, Gebäuden	Namen von Persönlichkeiten	geografische Namen	Namen von Festen	Namen von Ereignissen
…	…	…	der Heilige Abend	…

Tipp
Schlage nach, wenn du dir über die Schreibweise nicht im Klaren bist.

b) Erkläre die unterschiedliche Schreibweise:

Das **Rote Kreuz** sammelt Spenden.
Das **rote Kreuz** auf der Karte markiert den Treffpunkt.

Der **Dreißigjährige Krieg** wurde 1648 beendet.
Der **dreißigjährige Täter** konnte schnell gefasst werden.

c) Schwierig wird es mit der richtigen Schreibweise dann, wenn du dir nicht sicher bist, ob es sich tatsächlich um einen Eigennamen handelt. Schreibe richtig auf:

DER ERSTE WELTKRIEG	FRANKFURTER ALLGEMEINE ZEITUNG
DAS SCHWARZE BRETT	DER REGIERENDE BÜRGERMEISTER
INDISCHER TEE	ITALIENISCHER SALAT
DAS TOTE MEER	DER DEUTSCHE BUNDESTAG
WIENER WÜRSTCHEN	DER SCHIEFE TURM VON PISA
DER KLEINE BÄR	DER GRÜNE PUNKT
DER BLAUE BRIEF	HAMBURGER HAFEN
NAHER OSTEN	BAYERISCHER WALD

Merke!

Eigennamen:
- Personennamen, z. B. Karl der Große
- Städte-, Länder-, Flüssenamen, Landschaftsnamen, z. B.: Fränkische Schweiz
- Namen von Organisationen, Einrichtungen, z. B.: Zweites Deutsches Fernsehen
- Namen von festen Ereignissen, z. B.: Tag der Deutschen Einheit

d) Schlage die Regeln zur Schreibung von Namen und Titeln im Wörterbuch nach. Überprüfe die Schreibweise der Wortverbindungen aus Aufgabe c) und korrigiere sie gegebenenfalls.

Groß- und Kleinschreibung

Sind Hunde und Katzen farbenblind?

Die Auffassung, dass fast alle Säugetiere farbenblind sind, ist stark verbreitet. Welche Chancen hat man überhaupt, Informationen über die Qualität des wahrnehmens/Wahrnehmens bei Tieren zu bekommen? Ein Blick durchs mikroskop/Mikroskop hilft weiter. Die Lichtverarbeitung findet im Hintergrund/hintergrund des Augapfels, auf der Netzhaut, statt. Dort stehen dicht an dicht die Sehzellen. Sie wandeln die eintreffende/Eintreffende Strahlung in Nervenimpulse um und melden sie dem Gehirn weiter.

Beim experimentieren/Experimentieren hat man herausgefunden, dass für das Hell-Dunkel-Sehen und für das Wahrnehmen/wahrnehmen von Farben verschiedene Typen von Sehzellen zuständig sind. Nach ihrer Form werden die ersten Stäbchen, die anderen Zäpfchen genannt. Menschen haben drei Formen solcher zäpfchen/Zäpfchen, die jeweils auf verschiedene Lichtfarben maximal ansprechen. Bei Dunkelheit versagen sie ihren Dienst/dienst, weshalb wir im dunkeln/Dunkeln farbenblind sind. Bei den Säugetieren findet man ebenfalls diese Zäpfchen. Prinzipiell scheinen also alle Farben sehen zu können. So differenziert wie Menschen und einige Affen mit ihren drei Zäpfchentypen sehen aber nur wenige/Wenige Tiere. Die meisten Säugetiere verfügen nur über zwei Zäpfchen. Ihr Sehen/sehen lässt sich mit dem von rot-grün-blinden Menschen vergleichen. Ein solches farbsehen/Farbsehen ist für Hund und Katze nachgewiesen, ebenso für Schafe, Pferde, Kaninchen und Seelöwen. Für zahlreiche weitere Arten legen Experimente/experimente eine gewisse Farbtüchtigkeit nahe. Es ist also sicher Falsch/falsch, dass farbsehen/Farbsehen bei Säugetieren etwas außergewöhnliches/Außergewöhnliches ist.

1 a) Entscheide jeweils, welche Schreibweise richtig ist. Notiere bei jedem Wort die zutreffende Begründung dazu.

START (durchs) Mikroskop:
verschmolzener Artikel + Nomen: durch das ⟶ durchs

b) Vergleiche mit deinem Lernpartner/deiner Lernpartnerin, dann mit dem Lösungsteil.

c) Korrigiere Falschschreibungen und bilde mit deinen Fehlerwörtern jeweils einen sinnvollen Satz.

Anredepronomen

Ein Bewerber hat sich für das Vorstellungsgespräch folgende Stichpunkte notiert.

- Wie viele Auszubildende?
- Wie Arbeitszeit geregelt?
- Zuschuss zu den Fahrtkosten?
- Wann erfahre ich: genommen oder nicht?
- Möglichkeit, übernommen zu werden?

Merke!

In einem **sachlichen Brief** sprichst du die Personen mit „Sie" an. Die **Anredepronomen der höflichen Anrede** werden **groß**geschrieben:
- Sie
- Ihr
- Ihre
- Ihnen

1 Formuliere die Stichpunkte in vollständige Sätze um. Verwende dabei die Anredepronomen in der Höflichkeitsform.

2 Entscheide, ob es sich in folgendem Brief bei den Pronomen in Großbuchstaben um Anredepronomen handelt oder nicht. Schreibe den Brief in der richtigen Groß- und Kleinschreibung ab.

Merke!

In einem **persönlichen Brief** erzählst oder berichtest du dir bekannten Personen. **Anredepronomen in persönlichen Briefen kannst du klein- oder großschreiben**: du, dir, dich, dein(e), ihr, euch, eure, Du, Dir, Dich, Dein(e), Ihr, Euch, Eure

Sehr geehrte Damen und Herren,

vor einigen Tagen habe ich bei IHNEN ein Paket Luftballons bestellt; SIE waren für das Sommerfest unseres Vereins gedacht. Als ich heute IHR Paket öffnete, fand ich statt der Luftballons nur Wundertüten. Zuerst habe ich darüber gelacht, weil ich mit einer so großen Menge nichts anfangen kann. Dann war ich über IHREN Fehler verärgert und wollte die Sendung vollständig zurückschicken. Zwischenzeitlich habe ich mich entschlossen, einen Teil der Wundertüten zu behalten und SIE auf dem Fest an die Kinder zu verteilen; SIE werden sich sicher darüber freuen. Den anderen Teil schicke ich IHNEN zurück, selbstverständlich für mich kostenfrei, wie es IHREN Lieferbedingungen entspricht. Senden SIE mir bitte aber trotzdem umgehend die bestellten Luftballons. Ich hoffe, dass SIE trotz der bevorstehenden Feiertage pünktlich ankommen.

Mit freundlichen Grüßen
IHRE Vereinsvorsitzende
Waltraud Meier

Abkürzungen

25.11.2006

Firma Südwind AG
Lange Straße 123
77777 Musterstadt

Firma Müllverwertung GmbH
Herrn Mayer
Postfach 6666
88888 Müllheim

Bestellung von Müllbehältern. Ihr Angebot vom 18.11.2006

Sehr geehrter Herr Mayer,

vielen Dank für Ihr Angebot. Wir sind u.U. daran interessiert, bei Ihnen 5 000 Müllbehälter zu bestellen, wenn wir uns noch über einige Details einigen können.

Die Stückpreise sind m.E. zu hoch, d.h., hier sollten Sie uns ca. 20 % Nachlass gewähren. Außerdem müssten die Lieferbedingungen (Lieferung durch Lkw o.Ä.) geklärt bzw. abgesprochen werden. Auch Farben, Größe der Behälter usw. sollten noch einmal überdacht werden.

Wir schlagen Ihnen deshalb ein Gespräch in der kommenden Woche vor, in dem u.a. die oben genannten Fragen geklärt werden können.

> **Tipp**
> Häufige Abkürzungen in Geschäftsbriefen:
> AG — Aktiengesellschaft
> bzw. — beziehungsweise
> ca. — circa, ungefähr
> d.h. — das heißt
> etc. — (et cetera) und so weiter
> GmbH — Gesellschaft mit beschränkter Haftung
> Lkw — Lastkraftwagen
> m.E. — meines Erachtens
> o.Ä. — oder Ähnliches
> u.a. — unter anderem
> usw. — und so weiter
> u.U. — unter Umständen

1 a) Kläre die Bedeutung der im Brief verwendeten Abkürzungen mit Hilfe des Tippzettels.

b) Lies den Brief vor. Sprich für die Abkürzung jeweils das Wort bzw. die vollständige Wortgruppe.

2 Schreibe Sätze auf, die Herr Mayer in einem Antwortschreiben verwenden könnte. Benutze dabei Abkürzungen.
Arbeite, wenn möglich, mit dem Computer.

(START) **Ihre Forderung nach einem Preisnachlass ist m.E. ...**

3 Schreibe aus Anzeigen in Zeitungen weitere Abkürzungen heraus und kläre mit Hilfe eines Rechtschreibwörterbuches ihre Bedeutung.

> **Tipp**
> Die Buchstabenfolgen in Abkürzungen werden in Rechtschreibwörterbüchern oft wie normale Wörter behandelt und entsprechend eingereiht.
> In manchen Wörterbüchern findest du auch ein spezielles Abkürzungsverzeichnis.

Fremdwörter

1
die Navigation
die Demonstration
die Situation
die Addition
die Multiplikation
die Perfektion
die Variation
die Expedition

2
positiv
negativ
kreativ
primitiv
intensiv
attraktiv
passiv

3
das Experiment
exakt
die Existenz
exquisit
extra
exklusiv

Fremdwörter

1 Fremdwörter sind in unserer Sprache häufig. Sie bereiten oft besondere Rechtschreibschwierigkeiten. Am besten legt ihr euch eine Fremdwörterkartei an.
Ihr könnt sie alphabetisch, nach Rechtschreibschwierigkeiten, nach Wortfamilien oder nach Themen ordnen.

2 Fremdwörter haben oft besondere Kennzeichen, zum Beispiel die Nachsilben -tion, -ion, -iv.

a) Suche zu den Fremdwörtern der Wortlisten 1 und 2 die passende Bedeutung.

b) Ergänze die Wortlisten.

c) Schreibe mit jedem Wort einen Satz.

3 Fremdwörter kann man oft auch an der Vorsilbe erkennen, zum Beispiel die Wörter mit Ex-, ex-.

a) Schlage die Bedeutung der Fremdwörter aus der Wortliste 3 nach.

b) Suche möglichst viele verwandte Wörter dazu.

Artikel + Nomen	Artikel + zusammengesetztes Nomen	Verb	Adjektiv	zusammengesetztes Adjektiv
das Experiment	der Experimentierkasten	experimentieren	experimentell	experimentierfreudig

Bei vielen Fremdwörtern kann man an den besonderen Kennzeichen erkennen, dass sie aus einer fremden Sprache kommen. Sie werden anders geschrieben als deutsche Wörter.

der Typ	das System	der Zylinder	die Gymnastik
das Thema	die Apotheke	die Bibliothek	das Rheuma
der Rhythmus	die Physik	die Phantasie	die Stenographie
der Paragraph	die Hygiene	die Statik	die Katastrophe
die Sympathie	der Mythos	die Mathematik	das Theater

4   a) Ordne die Wörter auf S. 122 nach Rechtschreibbesonderheiten.

b) Schlage Unbekanntes im Fremdwörterlexikon nach.
Welche Wörter mit ph findest du auch mit f?

c) Suche zu den Nomen verwandte Adjektive.
Zu welchen Wörtern gibt es kein verwandtes Adjektiv?

(START)   *der Typ – typisch*

Fremdwörter zum Thema Urlaub

das Menü	das Solarium	typisch	das Brunch
interessant	international	reservieren	einchecken
der Service	die Terrasse	der Bungalow	telefonieren
funktionieren	der Jet	transportieren	das Ticket
der Komfort	die Rezeption	der Lift	der Termin
der Prospekt	der Tourist	gratis	das Visum
die Spezialität	informieren	der Kredit	der Tarif
die Folklore	das Lokal	das Quartier	die Pension

5   a) Wähle zehn Fremdwörter aus, die du von der Bedeutung her nicht kennst. Schlage sie im Wörterbuch nach.

b) Schreibe Sätze, in denen du diese Wörter verwendest.

c) Schreibe Lückentexte, in die Wörter aus der Wortliste passen. Tausche mit einem Partner/einer Partnerin die Texte und ergänze sie.

Inline-Hockey – ein Newcomer im Sportgeschäft

Jeder Laie, der bei Inline-Hockey-Spielen zuschaut, würde meinen, es handle sich um ein Hockeyspiel auf Rollen. Lukas, ein Insider in der Inline-Hockey-Szene, ist aber ganz anderer Meinung: „Nicht nur das Equipment ist anders. Auch die Spielregeln unterscheiden sich extrem vom Feldhockey. So ist zum Beispiel beim Feldhockey das Checken nicht erlaubt. Beim Inline-Hockey hingegen ist es in gewissem Maß zulässig. Außerdem ist der Spielverlauf schneller, sodass man clever kontern muss, damit sich die gegnerische Abwehr nicht mehr auf ihre Position begeben kann."

Besonders stolz ist der Youngster Lukas auf seinen jüngst errungenen Titel. Nachdem sich sein Team in den Vorläufen qualifiziert hatte, wurde es tatsächlich für die deutsche Meisterschaft nominiert. Dort gewann das Team prompt. Jetzt ist das Team deutscher Meister im Inline-Hockey.

6   Schreibe die Fremdwörter aus dem Text auf und kläre ihre Bedeutung mit Hilfe des Wörterbuchs.

Getrennt- und Zusammenschreibung

Getrennt- und Zusammenschreibung

1 a) Ergänze jeweils eine sinnvolle Verbindung mit „sein".

> da sein   aufgeregt sein
>
> zusammen sein   fertig sein

Ich werde um 16 Uhr _____.
Meine Freunde wollen für mich _____.
Auf dem Foto möchten wir _____.
Vor dem Vorstellungsgespräch werde ich _____.

b) Schreibe mindestens vier eigene Sätze auf, die Verbindungen mit „sein" enthalten.

Merke!
Verbindungen mit „sein" werden immer getrennt geschrieben.

2 Bilde sinnvolle Verbindungen mit den Nomen und Verben und schreibe passende Sätze damit auf.

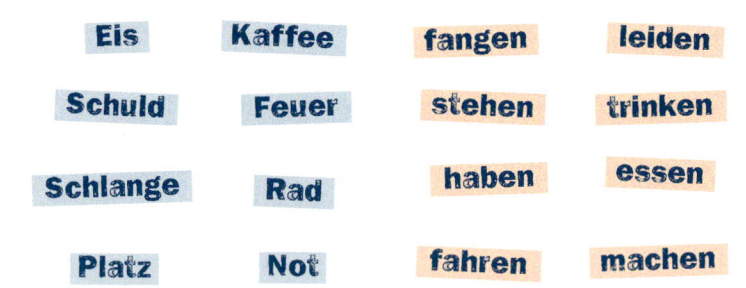

> Eis   Kaffee   fangen   leiden
>
> Schuld   Feuer   stehen   trinken
>
> Schlange   Rad   haben   essen
>
> Platz   Not   fahren   machen

Merke!
Verbindungen aus **Nomen und Verb** werden **meist getrennt geschrieben.**

3 Ergänze die Sätze mit sinnvollen Verbindungen von unten.

Heute Nachmittag wollen sie _____.
Bei schlechtem Wetter werden sie wohl _____.
Er möchte das Mofa _____.
Diese Antwort kann man _____.
Ich kann sie mit meinem Rennrad _____,
weil ich es in dieser Woche nicht brauche.
Mein kleiner Bruder möchte mich _____.

> gefangen nehmen   geschenkt bekommen
>
> bleiben müssen   fahren lassen
>
> gelten lassen   stehen lassen   spazieren gehen

Merke!
Verbindungen aus zwei Verben und Verbindungen aus Partizip und Verb werden **meist getrennt geschrieben**.

Getrennt- und Zusammen-schreibung

> **Merke!**
> **Wortgruppen aus Adjektiv und Verb werden getrennt geschrieben:**
> *schnell laufen, gründlich lesen*
> **Einige dieser Fügungen werden auch in übertragener Bedeutung verwendet und dann zusammengeschrieben:**
> Sie werden den Angeklagten *freisprechen*.
> Beim Referat solltest du *frei sprechen*.

4 Schreibe die Sätze mit den passenden Fügungen auf.

besser (zu) wissen   gut (zu) lernen

gründlich (zu) lesen   laut (zu) lachen

Es ist wichtig, das Bewerbungsschreiben zum Schluss noch einmal ▬▬▬, um Fehler zu vermeiden.
Wenn man ▬▬▬ will, sollte man auch ausgeschlafen sein.
In der Tanzstunde mussten wir ▬▬▬.
Mein großer Bruder will oft alles ▬▬▬.

5 Setze diese Beispiele sinnrichtig in die folgenden Sätze ein.

gut machen / gutmachen,   frei halten / freihalten,
hoch stapeln / hochstapeln,   flott machen / flottmachen

Die Ausfahrt muss ▬▬▬ werden.
Er hat seinen Vortrag ▬▬▬.

Sie versuchen, das alte Mofa wieder ▬▬▬.
Heute versucht er, die Hausaufgaben ▬▬▬.

Die Arbeiten während des Praktikums möchte ich ▬▬▬.
Ich hoffe, dass ich den Fehler ▬▬▬ kann.

Das Holz im Schuppen ist ▬▬▬.
Wer vor anderen ▬▬▬, ist oft unsicher.

6 Bilde möglichst viele zusammengesetzte Verben.

(START) *aneinanderkleben*

aneinander   zueinander

aufeinander   gegeneinander

spielen   finden
laufen   kleben
drücken   liegen
ketten   stoßen

125

Schreibung des s-Lautes, doppelte Konsonanten

Warum gefrieren Fische im eisigen Polarmeer nicht?

Ein Fisch gefriert gewöhnlich bei etwa -0,6 Grad. Die Temperratur/Temperatur der Polarmeere weist aber -1,86 Grad auf, wenn eine Eisdecke vorhanden ist.
5 Wie pollare/polare Fische dieses Problem lösen, ist uns aus der Technik bekannt/bekant:

Frostschutzmittel bewerkstelligen/bewerksteligen ein Absinken des Ge-
10 frierpunktes. Bei polaren Eisfischen – über hundert Arten leben in den Gewässern/Gewäsern um den Nord- und Südpol – verhindern Zucker-Eiweiß-Verbin-
15 dungen im Blut und in den Gewebsflüßigkeiten/Gewebsflüssigkeiten, dass tödliche Eiskristale/Eiskristalle in den Zellen/Zelen wachsen und sie erstaren/erstarren lassen.

20 Die Eisfische können durch ihren chemischen Frostschutz noch in einem Wasser mit einer Temperatur von -2,5 Grad leben. Mehr Probleme bereiten ihnen hohe Temperaturen. Kletert/
25 Klettert die Wassertemperatur/Wasertemperatur auf über sechs Grad, droht ihnen bereits der Hitzetod.

Merke!
Doppelte Konsonanten folgen nur nach kurz gesprochenen Vokalen.

Achtung Fehler

1
a) Entscheide jeweils, welche Schreibweise richtig ist. Schreibe die richtigen Wörter untereinander.
b) Markiere jeweils den kurz gesprochenen Vokal vor den doppelten Konsonanten.

(START) bewerkstelligen

2 Welche Schreibweise ist richtig? Schreibe die richtigen Wörter auf. Markiere die lang gesprochenen Vokale und die kurz gesprochenen Vokale entsprechend.

(START) pa̲sst, der Gru̱ß

passt/paßt	begrüßt/begrüsst	blass/blaß
verfasst/verfaßt	das Faß/Fass	der Essig/Eßig
geküsst/geküßt	der Riss/Riß	die Straße/Strasse
nass/naß	heiss/heiß	musste/mußte
der Gruss/Gruß	der Paß/Pass	der Kloß/Kloss

Merke!
Nach einem **lang gesprochenem Vokal** oder nach den Doppellauten **au, äu, ei, eu** schreibt man den **stimmlosen s-Laut ß**.

Schreibweisen lang gesprochener Vokale

1 a) Ein lang gesprochener Vokal kann in vielen Fällen ohne Längenzeichen auskommen, zum Beispiel: das Lokal, die Ausgrabung. Ergänze mindestens zehn weitere Beispiele.

b) Lang gesprochene Vokale können durch ein Dehnungs-h gekennzeichnet sein, zum Beispiel: die Dehnung, die Zahl. Ergänze mindestens fünf weitere Beispiele.

c) Ein lang gesprochener Vokal kann zu einem ie werden. Schreibe dazu fünf Beispiele auf.

d) Lang gesprochene Vokale können verdoppelt werden. Lege zu den Doppelvokalen aa, ee, oo Wortlisten mit Wortfamilien an, zum Beispiel:

aa	ee	oo
Haarschnitt	...	...
haarig	...	...
...	...	...

2 **Teste dein Wissen!**

a) Im Text sind 19 Fehler. Schreibe die Fehlerwörter richtig auf und gib jeweils eine Begründung für die richtige Schreibweise an.

(START) *die Riesenkraken – lang gesprochener Vokal*

b) Vergleiche mit dem Lösungsteil.

Merke!

Schreibweisen langer Vokale
- Meist schreibt man den einfachen Vokal: *Wagen*.
- Oft schreibt man mit h: *fahren*.
- Das lange i wird meist ie geschrieben: *Riese*.
- Manchmal wird der Vokal verdoppelt: *Zoo*.

Sind Riesenkracken Fahbelwesen?

Kupferstiche in alten Seefartsbüchern zeigen sie immer wieder, die vielarmigen, gefärlichen Riesenwesen, die sich in der bewehgten See selenruhig damit beschäftigen, große Segelschiffe umzukippen. Seemannsgarn, reine Fantasie?

Nicht ganz, denn es gibt sie wol tatsächlich. Nicht erwiesen sind dagegen irgendwelche Angriffe auf Menschen. Die Wege von Mensch und Kracke kreuzen sich so selten, dass wir nur wenig über die Riesen der Tiefsee mit ihren enormen Ausmassen wissen.

Das meisste wissen wir aus einigen angeschwemmten Kadavern. Demnach mahs der größte Kracke, 1933 in Neufundland angetrieben, fast 22 Meter, wobei acht auf den Körper und vierzn auf die Fangarme entfilen. Pottwale scheinen sich kilometertief unter dem Meeresspiegel regelmähig mit den Riesenkracken anzulegen. Davon zeugen die Kopfnarben an den Walköpfen und die Mageninhalte gefangener Wale.

In einem wurde das größte bekannte Tierauge mit vierzig Zehntimetern Durchmesser gefunden.

Worttrennung am Zeilenende

Merke!
Mehrsilbige Wörter trennt man nach Sprechsilben, z. B.: *Freunde.*
Aber: Einzelne Vokale am Wortanfang oder -ende werden nicht abgetrennt, z. B.: *Abend.*

Merke!
Zusammengesetzte Wörter und Wörter mit einer Vor-/Endsilbe werden nach ihren Bestandteilen getrennt, z. B.: *Haus-kauf, Ab-lauf.*

Merke!
Bei mehreren Konsonanten im Wortinneren wird nur der letzte abgetrennt, z. B.: *Kas-ten, stop-fen.*

Merke!
Konsonantenverbindungen wie **ch, ck, sch,** die für einen einzigen Konsonanten stehen, werden *nicht getrennt,* z. B.: *kna-cken, La-sche.*

Worttrennung am Zeilenende

1 Schreibe die Wörter mit der richtigen Anordnung von Silben und Trennungsstrich auf. Achte auf die Groß- und Kleinschreibung.

(START) Schu-le

| LESCHU | NAUGE | NUNGWAR | MENRAH | BENTO |
| TERNGES | DENBIL | RERLEH | TUNGLEI | TENPUS |

2 Setze mit den Wörtern und Vorsilben einer Gruppe verschiedene Wörter zusammen. Schreibe sie im Singular und Plural mit allen möglichen Trennungen in dein Heft.

BAUM	BUCH	MANN	LAND	AB	RÜCK
HAUS	STAMM	FREUND	TIER	WEG	ZUG
BLOCK		SCHAFT		FAHRT

3 Welche Silben gehören zu welcher Endung? Schreibe die Wörter mit der Trennung auf.

Wes-   Müt-   schmut-   muss-   -ze   -fen
Rit-   Knos- krat-   Schnup-   -zig   -pe
Karp- Hus-   wit-   Trop-   -ten
       imp-   Frat-   ein-

4 a) Ergänze die Reime und schreibe alle Wörter in der richtigen Trennweise auf.

(START) **Du sollst nicht zu viel kle-ckern, sonst muss ich wie-der me-ckern.**

Du sollst nicht zu viel kle-ckern, sonst muss ich wieder _____.
In meinen neuen Ta-schen, trag ich gern Sprudel _____.
Was soll ich denn nur ma-chen? Ich muss jetzt einfach _____.
Wer kriecht da durch die He-cke? Es ist 'ne lahme _____.

b) Suche weitere Fremdwörter, die ebenso getrennt werden.

(START) **Ma-the-ma-tik**

Komma bei Aufzählungen

1 a) Ergänze die Sätze durch passende Aufzählungen. Achte auf die Kommasetzung.

Einen Ausbildungsplatz kann man über die Zeitung ▭ finden.
Man kann sich telefonisch ▭ bewerben.
Zu den Bewerbungsunterlagen gehören Lebenslauf ▭.
Das Bewerbungsschreiben muss fehlerfrei ▭ sein.
Beim Bewerbungsgespräch sollte man dem Gesprächspartner genau zuhören ▭.
Man muss mit Fragen zu eigenen Interessen ▭ rechnen.

b) Ersetze bei deinen Sätzen aus Aufgabe a) jeweils das Komma durch eines der folgenden Wörter:

| und | bzw. | entweder … oder |
| oder | sowie | sowohl … als auch |

Merke!
Komma bei Aufzählungen:
In Aufzählungen wird zwischen gleichrangigen Wörtern oder Wortgruppen ein Komma gesetzt. Das Komma kann durch **„und"** bzw. **„oder"** ersetzt werden.

Komma im Satzgefüge

2 Schreibe den folgenden Text ab und setze die fehlenden Kommas. Unterstreiche jeweils den Nebensatz.

Es ist kaum zu glauben dass man die Sonneneinstrahlung auch zur Kühlung von Getränkeflaschen nutzen kann. Man braucht dazu ein feuchtes Tuch damit der Trick funktioniert. Nachdem man die Flasche mit dem Tuch umwickelt hat stellt man sie in die Sonne. Das Getränk kühlt sich ab da bei der Verdunstung des Wassers Kälte entsteht. Den Kühlschrank kann man dadurch obwohl die Wirkung verblüffend ist natürlich nicht ersetzen. Als es noch keine modernen Kühlgeräte gab wurden oft einfache Verfahren zur Frischhaltung von Lebensmitteln genutzt.

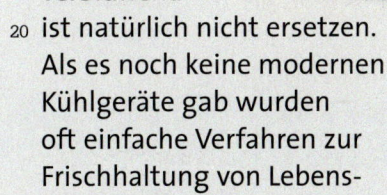

Achtung Fehler

Merke!
Komma im Satzgefüge:
Zwischen Hauptsatz und Nebensatz steht ein Komma. Der Nebensatz kann vorangestellt, eingeschoben oder nachgestellt sein.

Komma im Satzgefüge

> **Merke!**
>
> **Konjunktionen**, die Nebensätze einleiten, z. B.: als, dass, damit, indem, nachdem, ob, obwohl, sodass, weil, wenn

3 a) Füge jeweils zwei Hauptsätze zu einem Satzgefüge zusammen.

b) Nebensätze können im Satzgefüge am Ende, am Anfang oder in der Mitte stehen. Verändere die Stellung des Nebensatzes in einigen Beispielen.

(START) **Da ich mich beim Arbeitsamt ...**

Ich habe mich für einen Beruf entschieden.
    Ich habe mich auf dem Arbeitsamt informiert.
Ich kann mir ein Bild von diesem Beruf machen.
    Ich habe ein Praktikum gemacht.
In meiner Bewerbung habe ich über mein Hobby geschrieben.
    Texte mit persönlicher Note können überzeugender sein.
Jetzt bin ich schon ziemlich aufgeregt.
    Wir haben in der Schule zum Thema Bewerbungen gut trainiert.

4 Füge die Sätze bzw. die Satzteile so zusammen, dass ein flüssiger Text entsteht.

Lange Jahre galt es als unumstritten	**dass**	Das Geradesitzen ist besonders gesund.
Ein Wissenschaftler hat nun diese Meinung ins Wanken gebracht.	**der**	Er beschäftigt sich seit Jahren damit.
Dr. Hans Joachim Wilke führte einen speziellen Versuch mit einem Kollegen durch.	**weil**	Er wollte herausfinden, welche Haltung die Wirbelsäule besonders belastet.
Ein eineinhalb Millimeter großer Chip lieferte 24 Stunden lang Daten.	**welcher**	Er wurde zwischen dem vierten und fünften Lendenwirbel der Versuchsperson „eingebaut".
Es wurden die unterschiedlichsten Belastungs- und Bewegungsformen ausgetestet.	**da**	Dr. Wilke wollte umfassende Vergleichswerte sammeln.
Besonders belastend für die Wirbelsäule ist falsches Heben.	**die**	Sie wird nur durch die Rückenmuskulatur gestärkt.
Lässiges Lümmeln ist schonender als Stehen.	**obwohl**	Dies galt jahrelang als besonders rückenfeindlich.
Im Liegen werden die Bandscheiben am besten mit Nährstoffen versorgt.	**weil**	Sie saugen sich mit Flüssigkeit voll.

Komma bei nachgestellten Erklärungen, Einschüben

Nachgestellte Erklärungen oder Einschübe erkennt man an einem ungewöhnlichen Satzbau. Sie unterbrechen den gewohnten Ablauf eines Satzes und werden beim Lesen durch deutliche Pausen gekennzeichnet:

Mark, mein Nachbar, ist krank.

Statt: Mein Nachbar Mark ist krank.

Merke!
Nachgestellte **Erklärungen** oder **Einschübe** werden durch **Kommas** abgetrennt:
Die Katze, träge wie immer, liegt in der Sonne.

Man erkennt nachgestellte Erklärungen oder Einschübe u. a. daran, dass man sie weglassen kann, ohne dass der Satz unverständlich wird:
Die Katze liegt in der Sonne.

1 a) Schreibe den Text ab und setze die Kommas bei nachgestellten Erklärungen oder Einschüben.

Spinnen

Viele Menschen und zwar sowohl Frauen als auch Männer haben Angst vor Spinnen. Die Tiere sorgen mit ihren dünnen Beinen oft für Gänsehaut. Und der Biss einer Vogelspinne so glauben viele kann sogar tödlich sein. Spinnenfachleute also ernst zu nehmende Wissenschaftler sind da anderer Meinung. In den meisten Fällen ist das Gift einer solchen Spinne ungefährlich. Allerdings kann es das ist unbestritten durch einen Spinnenbiss zu Infektionen kommen. Spinnen aller Art ob Weberknechte oder Kreuzspinnen sind äußerst nützlich. Sie vertilgen das sollte auch ein Spinnenfeind wissen Unmengen von Insekten.

Achtung Fehler

b) Auch Relativsätze können als zusätzliche Erklärung in einen Hauptsatz eingeschoben werden. Probiere aus, bei welchen Sätzen aus Aufgabe a) du den Einschub zu einem Relativsatz umformen kannst.

2 Ergänze die Sätze mit passenden Einschüben oder Erklärungen.

Unser Nachbar mag keine kleinen Kinder.	ein sehr unfreundlicher Zeitgenosse
Mein kleiner Bruder ärgert Herrn Winter gerne.	er ist ein richtiger Racker
Tommi ist ein Meister im Krachmachen.	und dies besonders abends
Regelmäßig taucht unser Nachbar schimpfend auf.	verärgert durch Lärm
Meine Mutter bringt das zur Verzweiflung.	eine friedliche Person
Eigentlich hat mein Bruder Recht.	so viel steht fest
Unfreundliche Leute kann ich nicht leiden.	und zwar solche wie unseren Nachbarn

Merke!
Der **Relativsatz** enthält eine ergänzende Information. Er wird durch ein Relativpronomen (der/welcher, die/welche, das/welches) eingeleitet. *Die Katze, die in der Sonne liegt, hat eben einen Vogel gejagt.*

Komma bei Infinitivgruppen mit zu

um
anstatt
als
ohne
außer

Komma bei Infinitivgruppen mit zu

> **Merke!**
>
> Eine *Infinitivgruppe* muss *durch Kommas abgetrennt* werden, wenn sie
> - mit *um, ohne, anstatt, statt, außer, als* eingeleitet wird, z. B.:
>   *Ich gehe nach Hause, um mich hinzulegen.*
> - von einem **Nomen** abhängt, z. B.:
>   *Janas Vorschlag, eine Party zu machen, wurde besprochen.*
> - von einem **hinweisenden Wort** abhängt, z. B.:
>   *Tom hatte nicht **damit** gerechnet, diesen Film zu sehen.*
>
> Hinweisende Wörter können sein: *davon, daran, darüber, danach, es.*
> In den **übrigen Fällen** ist die **Kommasetzung freigestellt.** Es ist aber sinnvoll, die Kommas **immer** zu **setzen**, um Fehler zu **vermeiden**. Außerdem stellen sie eine **Lesehilfe** dar.

1 Ergänze die Sätze mit passenden Signalwörtern der Wortliste und setze die Kommas.

Es gibt nichts Schöneres ▭ bei dir zu sein.
▭ seine Bewerbungen zu schreiben spielte er am Computer.
Heute habe ich nichts vor, ▭ schwimmen zu gehen.
Er kaufte die Fahrradtasche, ▭ zu überlegen.
Es bleibt mir nichts übrig, ▭ auf eine Antwort zu warten.

2 Setze die Satzteile sinnvoll zusammen. Es gibt jeweils mehrere Möglichkeiten. Achte auf die Kommasetzung.

(START) **Die Möglichkeit, mein Englisch zu verbessern, wollte ich wahrnehmen.**

Die Möglichkeit	die Firma zu besichtigen	fanden alle überzeugend.
Die Gelegenheit	schwimmen zu gehen	wurde aufgegeben.
Der Plan	in die Berge zu fahren	war ein guter Kompromiss.
Die Idee	mein Englisch zu verbessern	wollte ich wahrnehmen.
Der Tipp	ein Bett selbst zu bauen	wurde genutzt.

Zeichensetzung bei wörtlicher Rede, kreativ mit Texten umgehen

Zeichensetzung bei wörtlicher Rede

Der Rabe und der Fuchs

Ein Rabe trug ein Stück vergiftetes Fleisch in seinen Klauen fort, das ein wütender Gärtner für die Katzen seines Nachbarn hingeworfen hatte. Eben wollte er es auf einer alten Eiche verzehren, als ein Fuchs ihm zurief: Sei mir gegrüßt, du wunderbarster Vogel unter der Sonne!
5 Für wen hältst du mich? fragte der Rabe geschmeichelt. Für wen ich dich halte? antwortete der Fuchs. Bist du nicht der große Adler, der täglich von Gott selbst geschickt wird, um Arme wie mich zu füttern? Warum verstellst du dich? Sehe ich nicht in deiner siegreichen Klaue die Gabe, um die ich Gott gebeten habe? Der Rabe staunte und freute
10 sich sehr, für einen Adler gehalten zu werden. Ich muss, dachte er, den Fuchs weiterhin in dem Glauben lassen, dass ich ein Adler bin. Großzügig ließ er für den Fuchs seine Beute herabfallen und flog stolz davon. Der Fuchs fing das Fleisch lachend auf und fraß es mit boshafter Freude. Doch bald spürte er große Schmerzen, das Gift fing an zu
15 wirken und er verreckte.

Merke!
Zeichensetzung bei der wörtlichen Rede:
___: „~~~."
„~~~", ___.
„~~~?", ___.
„~~~!", ___.
„~~~", ___, „~~~."

Tipp
Wildbret: Fleisch vom Wild
Barett: Mütze, hier blutiger Kopf des Esels

1 a) Fasse den Inhalt der Fabel mit eigenen Worten zusammen. Was für eine Lehre kann uns die Fabel mitgeben?

b) Schreibe die Fabel mit den Zeichen der wörtlichen Rede auf.

Die Teilung der Beute

Ein Löwe, Fuchs und Esel jagten miteinander und fingen einen Hirsch. Da befahl der Löwe dem Esel, das Wildbret zu teilen. Der Esel machte drei Teile; darüber wurde der Löwe zornig und riss dem Esel das Fell über die Ohren. Darauf wandte er sich an den Fuchs und ließ ihn die
5 Beute teilen. Der Fuchs stieß die drei Teile wieder zusammen und gab alles dem Löwen. Darüber lachte der Löwe und sprach: „Wie kommt es, dass du so richtig teilen kannst? Wer hat es dich gelehrt?" „Der Doktor da im roten Barett", antwortete der Fuchs.

2 a) Fasse den Inhalt der Fabel mit eigenen Worten zusammen.

b) Ergänze die Fabel um die Gedanken der handelnden Tiere.

Da befahl der Löwe dem Esel, das Wildbret zu teilen.
(START) Der Löwe dachte bei sich: „Der Esel wird doch …"
Der Esel überlegte: „Na, wenn ich teilen soll, …"

Lösungshilfen anwenden

Ein Personalchef meint:
Ich wäre froh, wenn ich mehr über die einzelnen/Einzelnen erfahren würde, die sich bei mir bewerben: Warum er oder sie in unserem Betrieb/betrieb eine Ausbildung machen will, welche Abteilungen ihn interessieren/interessieren oder was er gern in seiner Freizeit macht. Je besser ich die Bewerber einschäzen/einschätzen kan/kann,
5 desto größer ist ihre Chance, dass wir sie zu einem Vorstelungsgespräch/Vorstellungsgespräch/Vorstellungsgesprech einladen.
Wen/Wenn alle Bewerbungsschreiben das Gleiche/gleiche enthalten, bleiben nur noch die Zeugnissnoten/Zeugnisnoten, um die Bewerberinnen und Bewerber zu unterscheiden. Die Noten allein sagen aber nichts darüber aus, ob jemand auch
10 wirklich die fähigkeiten/Fähigkeiten für den Beruf mitbringt und sich bei uns wol/wohl fühlt. Das heisst/heißt: Wer mir eine Bewerbungsmappe/Bewerbungsmape schickt, aus der ich etwas genaues/Genaues über die Persönlichkeit erfare/erfahre, kann/kan so auch schlechte Zeugnisnoten außgleichen/ausgleichen.

1 a) Entscheide jeweils, welche Schreibweise richtig ist.

b) Vergleiche mit dem Lösungsteil. Schreibe deine Fehlerwörter richtig auf und ergänze eine zutreffende Lösungshilfe.

Teure Klingeltöne
Neben SMS-Chats warten weitere teure versuchungen/Versuchungen auf die Handybesitzerinnen und -besitzer. „Wen/Wenn dein Handy nicht nach dem neuesten Hit/hit klingelt, bist du out", beklagen sich viele/Viele. So erklärt es sich, dass mit Klingeltönen viel verdient werden kann/kan. Es stimt/stimmt bedenklich, dass Han-
5 dynutzerinnen und -nutzer im vergangenen/fergangenen Jahr alein/allein in deutschland/Deutschland mer/mehr als 150 Millionen Euro für den individuellen Klingelton außgegeben/ausgegeben haben. Immer/Immer wieder beklagen sich Handybesitzerinnen und -besitzer, dass auch hier abgezockt wird/wirt.
Die 16-jährige Katja fiel auf ein Lockangeboht/Lockangebot eines Dinstes/Diens-
10 tes herein, der ihr gleich einen Klingelton gratis versprach. Obwol/Obwohl der Klingelton kostenlos sein sollte/solte, verschwant/verschwand guthaben/Guthaben von ihrer Prepaidkarte. Die Jugendliche hatte nicht bemerkt, dass man ihr gleichzeitig ein Abonnement angedret/angedreht hatte. Bevor sie noch das Abo löschen konnte/konte, hatte die Firma pro Monat 2,99 Euro kasiert/kassiert – ohne Gegen-
15 leistung.

2 a) Entscheide jeweils, welche Schreibweise richtig ist.

b) Vergleiche mit dem Lösungsteil und korrigiere deine Fehler.

c) Schreibe mit jedem korrigierten Wort einen Satz auf.

Wiederholen und vertiefen +++ Wiederholen und vertiefen +++

Einstellungstests vorbereiten

1 Der folgende Text könnte bei einem Einstellungstest vorkommen. Die Zeit für solche Tests ist immer begrenzt. Teste dich selbst. Du hast für diese Aufgabe zwölf Minuten Zeit.

a) Entscheide jeweils, welche Schreibweise richtig ist. Schreibe die Wörter auf.

Tipp
Stelle deine Armbanduhr oder eine Stoppuhr so ein, dass sie dir nach zwölf Minuten ein Signal gibt.

Katja hat die richtige Wahl/Wal getroffen
Eine schwäche/Schwäche für Kuchen hat Katja schon seit jeher gehabt. Als kleines Kind half sie der Mutter beim backen/Backen, und kaum konnte sie Grammzahlen entzifern/entziffern, schuff/schuf sie schon ihre ersten kleinen meisterwerke/Meisterwerke.
5 Das / Dass sie ihr Schulpraktikum als Zahnarzthelferin absolvirte/absolvierte, betrachtet die 22-Jährige/22-jährige heute als „Betriebsunfall". „Ich wollte etwas mit den Händen schaffen, auf gar keinen Fall im Büro rumsitzen", erinnert sie sich. Dass Zahnarzthelferin nun mal/Mal nicht ihr Ding ist, ist ihr bald klargeworden/klar geworden. Mit diesen zwei Gewißheiten/Gewissheiten zog sie nach der Schule aus,
10 um etwas Neues zu probiren/probieren.
   Sie bewarb sich um ein unbezaltes/unbezahltes Praktikum bei einer Hamburger/hamburger Traditionskonditorei. Dort war man von ihrem Auftreten/auftreten und ihrer Arbeit so begeistert, dass sie nach ablauf/Ablauf des Praktikums direkt den Ausbildungsvertrag zur Unterschrift vorgelegt bekamm/bekam. Von da an durchlief
15 Katja alle Stationen einer Klassischen/klassischen Konditorausbildung. Auf dem Backposten lernte sie den Richtigen/richtigen Umgang mit den Öfen, auf dem Umschlagposten die Zusammensetzung der Verschiedenen/verschiedenen Teige und auf dem Saneposten/Sahneposten die richtige Portionierung der Sahne. In der Berufsschule sorgte man sich um das Theoretische/theoretische. Nach Abschluß/Ab-
20 schluss der dreijährigen Lehre ist sie in eine andere Konditorei gewechselt. Wenn Katja jetzt dort Morgens/morgens um halb sieben den Laden aufschliesst/aufschließt, warten schon die ersten/Ersten Faxe und Mails mit den Tortenbestellungen auf sie. Zwischen virzig/vierzig und fünfzig Bestellungen laufen in der Regel jeden morgen/Morgen auf. Da ist zupacken/Zupacken angesagt. Um acht öffnet
25 der Laden für die Laufkundschaft, bis dann müßen/müssen die Bestellungen abgearbeitet sein. Manchmal backen sie und die Mitarbeiter bis Morgens/morgens um zehn an die Hundert/hundert Torten. Um halb drei nachmittags/Nachmittags hat sie Feierabend, dann wird nur noch im Laden verkauft. „Ich muß/muss zwar jeden Morgen/morgen verdamt/verdammt früh aus den Federn. Dafür habe ich aber
30 mehr vom Tag, das ist mir recht."

b) Vergleiche mit dem Lösungsteil. Schreibe deine Fehlerwörter richtig auf und ergänze eine zutreffende Lösungshilfe.

135

Wiederholen und vertiefen

Komma im Satzgefüge

1 a) Füge jeweils zwei Hauptsätze zu einem Satzgefüge zusammen. Verwende dazu verschiedene treffende Konjunktionen. Achte auf die Kommasetzung.

b) Nebensätze können im Satzgefüge am Ende, am Anfang oder in der Mitte stehen. Verändere die Stellung des Nebensatzes in einigen Beispielen.

START: *Die Straße war mit einer Ampel versehen, aber ...*

- Der alte Mann machte sich auf den Weg zum Fernsehgeschäft.
- Er hatte 1 000 Euro von seinem Konto abgehoben.
- Er hatte Angst vor der viel befahrenen Straße.
- Die Straße war mit einer Ampel versehen.
- Der alte Mann verlor seinen Stock.
- Er brachte sich vor einem Bus in Sicherheit.
- Er hatte Angst.
- Es wurde ihm schwindelig.
- Er bückte sich.
- Er wollte seinen Stock aufheben.
- Er kniete auf dem Bürgersteig.
- Menschen gingen achtlos vorbei.
- Ein junger Mann mit engen Jeans und einer Lederjacke kam auf ihn zu.
- Er brachte den alten Mann über die Straße.
- Der alte Mann war ganz sicher.
- Das mit den Rockern hatte er irgendwie durcheinandergebracht.

Wiederholen und vertiefen +++ **Wiederholen und vertiefen** +++

> ▶ **Brauer/-in**
> In diesem Beruf wird vor allem Verständnis für Technik erwartet, speziell für computergesteuerte Maschinen. Wer sich für diesen Beruf interessiert, sollte bereit sein, auch nachts und am Wochenende zu arbeiten, je nach Bedarf produzieren Brauereien in drei Schichten rund um die Uhr. Auch die körperlichen Anforderungen – häufiger Wechsel zwischen Räumen mit unterschiedlicher Temperatur und Luftfeuchtigkeit – sind nicht zu unterschätzen.

Tipp
Ich interessiere mich für diesen Beruf, weil …
Es macht mir nichts aus, wenn …
Ich weiß, dass …

2 a) Begründe, warum sich jemand für diesen Beruf bewirbt. Vervollständige dazu mit Hilfe der Informationen aus dem Text die Sätze auf dem Tippzettel.

b) Formuliere solche Satzgefüge auch für einen Beruf deiner Wahl.

3 a) Mit der Berufsausbildung beginnt etwas ganz Neues: eine neue Umgebung, neue Leute, neue Aufgaben, ein anderer Tagesablauf. Was erwartest du vom Einstieg in das Berufsleben? Vervollständige die Sätze.

Ich erwarte, dass …   Ich glaube, dass …
Ich hoffe, dass …   Ich wünsche mir, dass …
Ich denke, dass …   Es könnte aber auch sein, dass …

Merke!
Die Konjunktion **dass**, mit der Haupt- und Nebensätze verbunden werden, wird mit **ss** geschrieben, anders als der Artikel oder das Relativpronomen **das**. Man kann das mit einer Ersatzprobe überprüfen: „**das**" wird immer geschrieben, wenn sich dafür „**dieses**" oder „**welches**" einsetzen lässt.

b) Schreibe den folgenden Text ab und unterstreiche die Nebensätze: Welche leiten ein Satzgefüge ein?

Axel:
Seit ich die Berufsausbildung mache, nehmen mich meine Eltern ernster. Sie sagen, dass ich jetzt viel erwachsener auf sie wirke. Wenn mich mein Ausbilder heute lobt, ist mir das viel wichtiger als früher ein Lob vom Lehrer. Obwohl ich die meisten Aufträge gemeinsam mit meinem Meister erledige, fühle ich mich selbstständiger als früher.

c) Bilde eigene Satzgefüge, bei denen die Nebensätze das Satzgefüge einleiten.

(START) **Als ich gestern anrief, meldete sich nur der Anrufbeantworter.**

Tipp
Nebensätze müssen nicht immer nach dem Hauptsatz stehen, sie können ein Satzgefüge auch einleiten (vgl. S. 129).

Wortarten sichern und festigen

Sprache untersuchen

Wortarten wiederholen

Nomen

Erkennungszeichen von Nomen
▶ S. 167 f.

Forschungsobjekt: Müde Teenager

Schlaftrunkene Teenager erhalten Schützenhilfe von der Wissenschaft: In der Pubertät verschiebt sich die innere Uhr.
⁵ Sie hängen auf Stühlen, stieren mit schweren Lidern vor sich hin, während die Stimme des Lehrers von weit her in ihr träges Hirn dringt. Viele Schü-
¹⁰ ler sind frühmorgens vor allem eins: hundemüde. Geringe Aufmerksamkeit, ein Kopf, der auf das Pult sinkt, ein schlafender Schüler im Aufenthaltsraum –
¹⁵ Szenen, die zum Schulalltag gehören.

²⁰ Das muss nicht sein, predigt die amerikanische Biologin Mary Carskadon schon seit Jahren und mit einer ganzen Mannschaft von Schlafwissenschaftlern auch in Deutschland und der Schweiz.
„Interessanterweise nehmen ²⁵ die Schüler wahr, dass sie müde sind, aber sie haben nicht die Möglichkeit, damit umzugehen", schreibt die Wissenschaftlerin. „Sie nehmen genau ³⁰ wie Erwachsene an, dass sie mit der geringen Schlafmenge zurechtkommen."

Tipp
Singular = Einzahl, z. B.: das Buch;
Plural = Mehrzahl, z. B.: die Bücher

1 a) Schreibe aus dem Text die Nomen heraus. Notiere – wenn möglich – den Singular und den Plural. Schreibe den bestimmten Artikel dazu.

(START) *der Teenager – die Teenager*

b) Beschreibe die verschiedenen Formen der Pluralbildung.

c) Schreibe die Nomen auf, die keine Pluralform haben. Ergänze eigene Beispiele.

2 Schlage die Pluralform der folgenden Wörter im Wörterbuch nach:

Atlas   Rhythmus   Globus   Kaktus   Zirkus

138

Wortarten sichern und festigen

Verb

3 a) Suche alle Verben aus dem Text S. 138 heraus. Schreibe sie untereinander in dein Heft.

b) Ergänze die Personalpronomen und bestimme die Zeitform, in der das Verb steht.

c) Suche von den Verben fünf aus und beuge sie vollständig (Personal- und Zeitformen).

Erkennungszeichen von Verben ▶ S. 169 f.

Merke!
Personalpronomen (persönliches Fürwort): ich, du, er/sie/es, wir, ihr, sie

Angriff mit Bratwurst

Der unliebsamen Begegnung mit einer gefrorenen Bratwurst hat ein 46-jähriger Brite eine gebrochene Nase zu verdanken.
5 Nach örtlichen Medienberichten (ist) der Mann in South Woodham Ferres (Essex) in seinem Wagen unterwegs und hatte die Seitenscheibe auf der Fahrerseite 10 heruntergedreht – da (fliegen) aus heiterem Himmel die steinharte Wurst durchs Fenster und (treffen) ihn mitten auf die Nase. Die Polizei versucht 15 nach den Angaben, den unbekannten Werfer zu ermitteln. (dpa)

4 a) Schreibe den Text richtig auf. Setze dazu die Verben in Klammern in der richtigen Personalform ins Präteritum.

b) Bestimme die Zeitform der weiteren Verben im Text. Warum hat der Autor an diesen Stellen eine andere Zeitform verwendet? Begründe.

5 Korrigiere falsche Personalformen. Schreibe den Text richtig auf.

Wie verbreitet Verhaltensauffälligkeit und Gewaltbereitschaft bereits im Kindergarten ist, belegt eine Kindergartenstudie aus Braun-
5 schweig. Danach fallen fast jedes fünfte Kind wegen Aggressivität, Hyperaktivität, Aufmerksamkeitsschwäche und Ruhelosigkeit auf. 7 % aller Kindergartenkinder ge-
10 hen bereits in eine Therapie. Besonders die Aggressivität und die Hyperaktivität hat viele Ursachen. Sie er-
15 schweren dem Kind das Lernen, schafft Ablenkung und verringert die Chan-
20 ce auf Erfolgserlebnisse.

Achtung Fehler

Wortarten sichern und festigen

Erkennungszeichen von Adjektiven
▶ S. 171

Adjektiv (Eigenschaftswort)

6 a) Wähle fünf Adjektive aus den Texten S. 138 und 139 aus und steigere sie.

b) Steigere die Adjektive „gut", „tot" und „einzig". Was ist anders?

> Hier finden Sie die schönen Strände von ganz Griechenland. Das Wasser ist klar, sauber und blau. Andere Inseln sind nicht mit Samos vergleichbar. Sie können den Sonnenuntergang direkt in einer Hafenkneipe in der wunderbarsten Altstadt erleben oder von dem liebevoller ausgestatteten Balkon ihres Hotelzimmers aus.

7 a) Suche die Adjektive aus dem Text heraus und bestimme die Steigerungsform.

b) Sind die Steigerungen so sinnvoll? Begründe und korrigiere gegebenenfalls.

Präposition (Verhältniswort)

Erkennungszeichen von Präpositionen
▶ S. 171

Anti-Nikotin-Unterwäsche

Viele wissen, dass es nicht leicht ist, mit (das Rauchen) aufzuhören. Die meisten Raucher haben es schon einmal versucht, aber nach (eine Weile) wieder zu (der Glimmstängel) gegriffen. Nun soll zumindest den Raucherinnen geholfen werden, und zwar mit (ein spezielles Wäschestück), das in Japan entwickelt wurde: dem Anti-Smoking-BH. Der Büstenhalter hat zwischen (die beiden Körbchen) eine Kammer, in die (verschiedene Düfte) eingefüllt werden können. „Frau" hat nun die Wahl zwischen (ein Lavendelduft), der angeblich die Lust an (das Rauchen) nimmt und beruhigend wirken soll und (der Jasminduft), der die Zigarette bitter schmecken lässt. Je nach (seine Stimmung) kann man auch beide Düfte in (die Kammern) füllen. Auch wenn das Anti-Smoking-Wäschestück es optisch nicht mit (andere BHs) aufnehmen kann, hoffen die Entwickler doch auf (ein guter Umsatz).

> **Merke!**
> **Präposition (Verhältniswort)**, z. B.: in, auf, aus, mit, durch, zu, zwischen, unter, wegen, bei, vor. Sie zeigt, wie Lebewesen und Dinge zueinander im Verhältnis stehen.

8 a) Schreibe den Text auf, unterstreiche die Präpositionen und setze die Wörter aus den Klammern in den richtigen Fall.

140

Wortarten sichern und festigen

b) Einige Präpositionen kann man mit einem Fall, andere mit zwei Fällen verbinden. Prüfe den Fall.

START Er wohnt außerhalb des Dorfes. (Genitiv)
außerhalb ⟶ Genitiv

Er steigt auf **den Stuhl**.
Er ist bei **mir** geblieben.
Sie steigt auf **die Leiter**.
Das Haus steht an **einer** belebten **Straße**.
Der Brief geht an **meinen Freund**.
Das Heft lag neben **dem Frühstücksbrot**.
Er will sich unbedingt neben **mich** setzen.
Das Grundstück liegt unweit **der Autobahn**.

Welche Präpositionen können sich mit zwei Fällen verbinden?

Konjunktion (Bindewort)

9 Verbinde die folgenden Sätze mit verschiedenen Konjunktionen des Merkzettels. Vergleiche die unterschiedliche Wirkung des Satzes.

Saskia ist heute nicht in der Schule.
Sie hat ein Vorstellungsgespräch.

Sven will ins Freibad fahren.
Es regnet.

Sie arbeitet als Aushilfe.
Sie findet eine Lehrstelle.

Frederick spart auf einen Roller.
Er darf seinen Führerschein erst nächstes Jahr machen.

Er hat ein Praktikum angefangen.
Es macht ihm keinen Spaß.

Sie möchte sich bewerben.
Sie erhält nächste Woche die Praktikumsbescheinigung.

Merke!

Konjunktionen (Bindewörter) verbinden Satzteile und Sätze. Sie leiten meist Nebensätze ein. **Nebensätze** werden durch **Komma** vom Hauptsatz abgetrennt. Konjunktionen sind z. B.: aber, denn, dass, als, sobald, weil, wenn, obwohl, indem, damit, sodass.

Konjunktionen
▶ S. 172

141

Wortbildung durch Reduktion, Abkürzung und Doppelung

Wortbildung durch Reduktion, Abkürzung und Doppelung

> HI MEINE MAUS. DAS MIT DER SMS WAR NUR SPASS. GG. HDL. XXX. DEIN SCHATZ

Sehr geehrte Frau Schuster,

gerne nehmen wir das Angebot Ihrer GmbH an. Allerdings sollten wir m.E. gewisse Dinge wie z.B. Preisnachlässe, Transport per LKW usw. noch eingehender besprechen. Ein Treffen am 20.01. bzw. 21.01. wäre von meiner Seite aus möglich …

„Liebe Marion, so so, mein Pulli hat es dir angetan. Den findest du u.a. in dem einen Laden neben dem Friseur. Kinder, Kinder, die haben dort eine riesige Auswahl. LG Klara

Merke!

Häufige Abkürzungen:

AG: Aktiengesellschaft   **GmbH:** Gesellschaft mit beschränkter Haftung

bzw.: beziehungsweise   **m.E.:** meines Erachtens
ca.: circa, ungefähr   **u.a.:** unter anderem
d.h.: das heißt   **usw.:** und so weiter
etc.: und so weiter (et cetera) **u.U.:** unter Umständen

Tipp
Wortbildung durch Reduktion = man verkürzt das Wort oder den Begriff (z.B. Eisenbahn = Bahn), Doppelung = ein Wort entsteht durch Verdopplung (z.B. ja ja, wortwörtlich)

1 Prüfe bei den unterstrichenen Begriffen, ob es sich um eine Abkürzung, Reduktion oder Doppelung handelt. Begründe deine Entscheidung.

2 Welche neue Bedeutung erhalten die einzelnen Wörter durch eine Doppelung?

3 a) Lest die Texte laut vor. Verwendet die vollständigen Wörter und vergleicht die Wirkung.

   b) Überlegt Gründe für diese Art von Wortbildung.

4 Sucht weitere Abkürzungen, Reduktionen und Doppelungen und klärt ihre Bedeutung.

5 Schreibt kurze eigene Texte, zum Beispiel für die Schülerzeitung, und verwendet möglichst viele Abkürzungen, Reduktionen und Doppelungen.

Sprachliche Bilder erschließen

Häufig vorkommende sprachliche Bilder erschließen

> Helfer arbeiteten bei schlechten Witterungsverhältnissen fieberhaft daran, an die Verschütteten heranzukommen.
> (Aus: Dach von Eissporthalle stürzt ein: 50 Menschen verschüttet. *Fürther Nachrichten*, S. 1)

> Durch das Bombardement britischer Kampfflugzeuge wurde am 2. Januar 1945 die Altstadt zur Trümmerwüste.
> (Aus: Führung erinnert an Nürnbergs Untergang. *Fürther Nachrichten*, S. 1)

> ... an der Aktion beteiligt, ohne deren Leistungen in Anspruch nehmen zu können. Auch Gerhard W., Geschäftsführer des Geschenkartikelladens ... gehörte zu den Interessenten, die nicht auf den Umsatz schielten. Auf die Zurückhaltung vieler Kollegen kann er sich keinen Reim machen.
> (Aus: Kein Bedarf an Imagewerbung für den Handel? *Fürther Nachrichten*, S. 1)

> Einen Wechsel von Interessenten in den Ganztageszug allerdings muss er ablehnen, da alle drei Klassen randvoll sind und bereits zu Schuljahresbeginn einige Schüler abgewiesen werden mussten.
> (Aus: Fürther Ganztagesschule nimmt Gestalt an. *Fürther Nachrichten*, S. 3)

> „Wenn es nicht klappt, ist es auch kein Beinbruch" – Michael Uhrmann konnte höchste Erwartungen bisher nicht erfüllen
> (Aus: Die Tournee scheint innerlich schon heimlich abgehakt, *Fürther Nachrichten*, S. 21)

1 a) Schreibe die sprachlichen Bilder aus den Zeitungszitaten heraus.

b) Erkläre sie mit eigenen Worten. Sammle zunächst Begriffe und Wörter, die dir zum sprachlichen Bild einfallen. Notiere.

c) Streiche dann Unpassendes und Überflüssiges.

(START) „fieberhaft" arbeiten = Sie arbeiten schnell, hart, ~~konzentriert~~, ~~mit Fieber~~, ohne Pause, ~~mit hoher Körpertemperatur~~, ~~sie schwitzen dabei~~

d) Warum wurden in den Zeitungsartikeln sprachliche Bilder verwendet? Sucht Begründungen.

2 Sucht aus aktuellen Zeitungen weitere sprachliche Bilder und erklärt sie.

3 Überlegt euch selbst kurze Zeitungstexte und Schlagzeilen mit sprachlichen Bildern.

Bedeutung von Fremdwörtern sichern

Fremdwörter untersuchen

> ❂ Nur Exquisites im exklusiven Rahmen ❂
>
> Im neuerbauten Bergstein-Hotel in Rosenheim bietet die Familie Schütz ihren Gästen den perfekten Rahmen für jede Situation. Feiern jeder Dimension können hier problemlos ausgerichtet werden. Auf der Speisekarte finden sich edle Variationen der typischen bayrischen Küche und eine erstaunlich kreative Auswahl von Weinen aus Österreich und Deutschland. Der Gast kann seinen Aufenthalt sportlich aktiv gestalten und sich in Sauna und Dampfbad verwöhnen lassen. Familie Schütz zeigt sich in den weiteren Angeboten für ihre Gäste innovativ: So offeriert sie Kurzkurse in bayrischer Sprache, regionalen Volkstänzen oder der Herstellung perfekter Semmelknödel. Ein Aufenthalt in diesem Hotel, das auf Originalität und Exklusivität großen Wert legt, ist auf jeden Fall ein Erlebnis.

Merke!

Fremdwörter stammen aus anderen Sprachen. Ihre Herkunft ist teilweise an der Schreibweise erkennbar. Häufige Nachsilben sind z. B. -ion, -tät oder -iv. Typische Vorsilben sind z.B. ex-, re- oder auch de-.

1
a) Schreibe die Fremdwörter aus dem Text auf. Kläre ihre Bedeutung mit Hilfe eines Wörterbuches.

b) Ersetze die Fremdwörter – wenn möglich – durch die deutsche Entsprechung. Vergleiche die Aussage und die Wirkung.

c) Ordne die Fremdwörter nach ihren Vor- oder Nachsilben.

d) Ergänze die Wortlisten mit eigenen Beispielen, z. B. aus den PCB- oder GSE-Büchern.

e) Bestimme die Wortart der Fremdwörter aus dem Text, trage sie in die nachfolgende Tabelle ein und fülle sie soweit wie möglich.

Nomen	Verb	Adjektiv
die Perfektion	perfektionieren	perfekt
die Situation		...

Bedeutung von Fremdwörtern sichern

> Zur Verstärkung unseres Teams suchen wir zum nächstmöglichen Zeitpunkt, zu besten Konditionen und sozialen Leistungen eine Friseurin.

> Renommierte Partnervermittlung sucht zum nächsten Ersten eine/n Mitarbeiter/in auf Provisionsbasis.

> **Verkaufsprofi für Boutique in Erlangen gesucht. Charmantes Auftreten, überzeugendes Styling und gutes Aussehen sind Voraussetzung.**

> Import-/Exportunternehmen sucht Azubi zum 1. September. Wenn Sie gerne kommunizieren und Kontakte pflegen, sind Sie für uns der/die Richtige …

2 a) Sucht Fremdwörter aus den Stellenanzeigen heraus und klärt unbekannte Wörter.

b) Schreibt zwei Stellenanzeigen so auf, dass keine Fremdwörter darin vorkommen. Vergleicht die Aussage und die Wirkung.

c) Besprecht Besonderheiten in der Rechtschreibung der einzelnen Fremdwörter. Diktiert euch die Fremdwörter gegenseitig.

d) Sucht weitere Stellenanzeigen aus der Zeitung, in denen Fremdwörter vorkommen.

3 Wenn es um Sport geht, werden besonders viele Fremdwörter aus dem Englischen gebraucht, zum Beispiel:

surfen — Match — trainieren — Inlineskates — Mountainbike — fair — Foul — Skateboard — Doping — Team — Coach

a) Trage die Fremdwörter in eine Tabelle ein. Schreibe jeweils die Bedeutung dazu. Gibt es verwandte Wörter?

Fremdwort	Bedeutung	verwandte Wörter
trainieren	gezielt üben	der Trainer, das Training
…	…	…

b) Diktiere einer Partnerin/einem Partner die Wortliste in der ersten Spalte der Tabelle. Überprüfe die Rechtschreibung.

c) Lies deiner Partnerin/deinem Partner die Bedeutung eines Wortes aus der mittleren Spalte vor. Kann sie/er das richtige Fremdwort nennen?

Fachsprachen und Fachbegriffe

Die folgenden beiden Texte stammen aus einer Broschüre zur Berufsinformation, die für Schüler/-innen der Abschlussklassen bestimmt ist.

> **Merke!**
>
> **Fachsprachen**
> unterscheiden sich von der Alltagssprache durch Besonderheiten im Wortschatz:
> - Fremdwörter:
>   z. B. Software …
> - Wortneubildungen:
>   z. B. Festplatte …
> - Abkürzungen:
>   z. B. PC …
> - Auch können bereits bestehende Wörter zu Fachausdrücken werden und haben dann meist eine andere Bedeutung:
>   z. B. Maus …

Tischler/-in

Tischler stellen Einzelmöbel wie Schränke, Regale, Kommoden und Tische her. Sie fertigen und montieren Laden-, Büro- und Gaststätteneinrichtungen. Oft handelt es sich dabei um Einzelanfertigungen im Kundenauftrag nach eigenen oder vorgegebenen Entwürfen. Außerdem sind Tischler mit Reparaturen, Restaurierungs- und Instandhaltungsarbeiten beschäftigt. Hauptwerkstoff ist das Holz. Daneben verwenden sie jedoch auch Spanplatten, Kunststoffe, Metall und Glas. Von den zu fertigenden Teilen werden zunächst Zeichnungen erstellt, die entsprechenden Hölzer ausgesucht, Platten auf die gewünschten Maße zugeschnitten, Oberflächen bearbeitet: geglättet, furniert, mit Kunststoff belegt oder mattiert, Kanten für den späteren Verbund vorbereitet: genutet, gefräst, gezinkt oder gefalzt. Danach werden die Einzelteile durch Leimen oder Verschrauben zusammengefügt. Es folgen die Nacharbeiten wie zum Beispiel Beizen, Polieren, Wachsen oder Schleifen.

Zahntechniker/-in

Zahntechniker erhalten ihre Aufträge vom Zahnarzt. Nach den gelieferten Gebiss- und Kieferabdrücken fertigen sie festsitzenden oder herausnehmbaren Zahnersatz aus Kunststoffen, Edelmetallen, zahnkeramischen Massen und anderen Werkstoffen. Sie stellen auch kieferorthopädische Apparate zur Zahnregulierung her sowie Kieferbruch- und Parodontoseschienen. Dazu kommen Änderungen, Ergänzungen und Instandsetzungen von Zahnersatz aller Art einschließlich kieferorthopädischer Geräte. Ihre Tätigkeiten sind hauptsächlich das Modellieren, das Anpassen der künstlichen Zähne an die anatomischen Verhältnisse des Patienten, das Beschleifen, das Verblenden der im Mund sichtbaren Flächen mit Kunststoff oder zahnkeramischen Massen, das Polieren, Löten, Zementieren, Feilen, Fräsen und Gipsen sowie das Ausarbeiten und Einfräsen von Prothesen. Zahntechniker arbeiten überwiegend in Handwerksbetrieben (Dentallabors), aber auch in Praxislaboratorien bei Zahnärzten.

Fachsprachen und Fachbegriffe

1 a) In den Texten auf S. 146 werden fachsprachliche Bezeichnungen von Tätigkeiten und Gegenständen verwendet. Erkläre diese nicht allgemein verständlichen Begriffe mit Hilfe eines Lexikons oder Wörterbuches.

START montieren: aus Einzelteilen zusammensetzen
…

b) Teilt einen der Texte in zwei Abschnitte. Ersetzt arbeitsteilig die schwer verständlichen Fachbegriffe und Fremdwörter durch die im Lexikon oder im Wörterbuch gefundenen Erklärungen.

c) Welche Vorteile und welche Nachteile hat die Ersetzung der Fachbegriffe?

> Ihr Start in eine neue Zukunft:
>
> ## Servicetechniker/-in im Außendienst
>
> Sie sind Techniker/-in der Fachrichtung Maschinenbau oder Elektrotechnik. Sie interessieren sich für Fragestellungen der Pneumatik und Hydraulik. Analytisches Denkvermögen, Engagement, Reisefreudigkeit sowie kommunikatives, kundenorientiertes Auftreten setzen wir voraus.

Merke!
Fachbegriffe sind genau **festgelegte Ausdrücke,** die für bestimmte Berufe oder in bestimmten Bereichen von besonderer Bedeutung sind, z. B. im Bereich Computer: Modem, CD-ROM, Datei, Software …

2 a) Schreibe aus der Stellenanzeige die Fachbegriffe heraus. Schlage in einem Fremdwörterbuch oder Lexikon nach und erkläre die Begriffe.

START Servicetechniker/-in: Techniker/-in für den Kundendienst
Außendienst: Tätigkeit außerhalb der Firma an verschiedenen Orten

b) Erläutere den Inhalt der Stellenanzeige, indem du sie „übersetzt":

START Die Firma sucht einen Techniker/eine Technikerin für den Kundendienst, der/die an verschiedenen Orten außerhalb der Firma tätig sein soll. Es wird erwartet, dass er oder sie …

3 Suche in der Wochenendausgabe einer Tageszeitung nach Stellenangeboten, die Fachbegriffe enthalten, und „übersetze" die Angebote.

Wirkung und Angemessenheit verschiedener „Sprachen"

Dialekt, Umgangs- und Jugendsprache

Merke!

Dialekt: Sprachform, die für eine bestimmte Region typisch ist. Durch die Aussprache und verschiedene Wendungen ist ein Dialekt für Fremde oft schwer verständlich.

Mundart: Unterform von Dialekt, die für eine bestimmte, kleinere Region typisch ist.

Helmut Zöpfl
Mundart

Denkts amal a bisserl nach
was de Mundart für a Sprach,
für a blumenreiche is
und vui anschaulicher gwiss
als wia Schriftdeutsch.
Is de Mundart net de Sprach,
de was aussagt, des was stimmt,
weil de Sprach von Herzen kimmt?

1
a) Lies das Gedicht von Helmut Zöpfl leise und laut. Was fällt dir auf?

b) Helmut Zöpfl zählt Vorteile von Dialekt auf. Nenne sie und ergänze weitere.

c) Nenne Nachteile von Dialekt.

2 Was ist eure Meinung dazu? Sprecht darüber in der Klasse.

3 a) Ordne die Aussagen den verschiedenen Sprachformen zu. Begründe deine Entscheidung.

> Dös glabbst doch selba nedd!

> Ich denke nicht, dass das zutrifft.

> Das glaub ich eigentlich nicht.

Merke!

Umgangssprache: Sprachform, die im Alltag gesprochen wird. Es kann Dialekt vorkommen und die sprachlichen Regeln sind nicht so streng wie in der Standardsprache.

Merke!

Standardsprache: Allgemein verbindliche Form der Sprache, wie sie in der Öffentlichkeit gebraucht wird (Schrift- oder auch Hochsprache).

b) In welchen Situationen ist die jeweilige Sprachform angemessen? Ergänze die Tabelle.

Wie?	Wo?	Mit wem?
Dialekt	zu Hause	mit Verwandten
Umgangssprache	...	...
Standardsprache	...	...

Soundcheck für die Liebe

Während der Disco in der Eishalle hat Leonie sich bei einem Zusammenstoß mit Britta den Daumen verletzt.

„Ich heiße Britta, und du?" „Leo", antworte ich
5 knapp.[...]
„Leo? Cooler Name. Stammst du vom Löwen ab?" Sie lacht. Das ist ja unglaublich. Erst massakriert und verstümmelt sie mich halb und nun reißt sie auch noch dämliche Witzchen.
10 „Nee", brumme ich, „aber dass deine Verwandtschaft im Affenhaus wohnt, ist offensichtlich." Sie kringelt sich vor Lachen und schiebt die Tür zum Sanitätsraum auf. Zwei gelangweilte Zivis sitzen an einem Tisch, rauchen und trinken Kaffee aus Plastikbechern. „Was wollt ihr denn? Hier ist kein Platz für Kids!", begrüßen
15 sie uns unfreundlich. „Wir hatten einen Unfall", erklärt Britta, „Leona hat sich den Daumen verletzt." [...]
„Zeig mal her die Flosse!" Ich strecke meine Hand aus und der Zivi grabscht danach und befühlt die einzelnen Fingerglieder.
„Würd ich röntgen lassen. Müsst ihr ins Krankenhaus fahren." Ich
20 verdrehe die Augen. Ich habe drei Euro für einen Diskoabend ausgegeben, ich wollte mich amüsieren und nicht im Krankenhaus rumhocken [...]

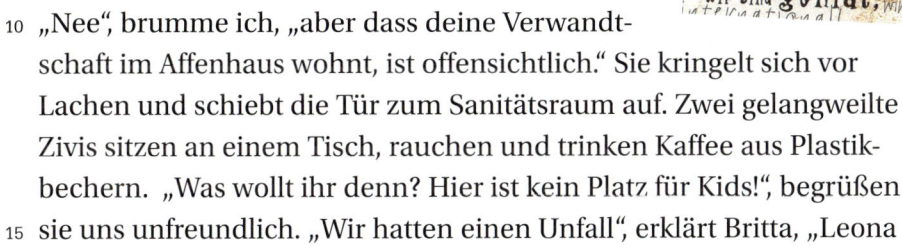

4 a) Lies den Text und achte auf die Wortwahl.

b) Ergänze die Tabelle.

Wort/Ausdruck aus Jugendsprache	Zeile	Bedeutung oder „Übersetzung"
cool	...	toll, etwas Besonderes
massakrieren	...	jemanden quälen, umbringen

c) Lest den Text und ersetzt dabei die Wörter aus der Jugendsprache.

d) Wie wirkt der Text ohne Jugendsprache? Notiert Unterschiede und vergleicht anschließend in der Klasse.

5 Sammelt aktuelle Begriffe und Wörter aus der Jugendsprache.

Wirkung und Angemessenheit verschiedener „Sprachen"

Merke!

Jugendsprache: Umgangssprache mit alterstypischen Begriffen und Wörtern. Sie unterliegt einem ständigen Wandel, indem neue Begriffe und Wörter hinzukommen, andere dafür wegfallen.

Sätze auf Vollständigkeit und Aussagekraft prüfen

Subjekt Wer? Was?	**Prädikat** Was wird getan?	**Dativobjekt** Wem?	**Akkusativobjekt** Wen? Was?

	adverbiale Bestimmung des Grundes Warum?		**adverbiale Bestimmung des Ortes** Wo?
	adverbiale Bestimmung der Zeit Wann?		**adverbiale Bestimmung der Art und Weise** Wozu? Wie?

1 a) Streiche im Satz unten alle überflüssigen Teile weg, sodass die wesentliche Aussage des Textes deutlich wird.

> Seine Arbeit als Konditor macht ihm sehr viel Spaß, denn er kann kreativ sein und eigene Ideen einbringen, z. B. wenn eine Geburtstagstorte hergestellt werden soll, das macht er sehr gerne, oder wenn für eine bestimmte Jahreszeit ein neues Gebäckstück entwickelt werden soll, da freut er sich auch jedes Mal, denn es ist eine willkommene Abwechslung zum Alltag und er darf auch immer wieder übrig gebliebenes Gebäck mit nach Hause nehmen, was er besonders schätzt an diesem Beruf.

b) Bestimme die Satzglieder. Was braucht ein Satz, um vollständig zu sein? Verkürze weiter und vergleiche.

c) Stelle die Satzglieder um. Wann ist dies sinnvoll?

2 In diesem Teil eines Bewerbungsschreibens begründet der Bewerber seine Berufswahl. Überarbeite den Text zu einer überzeugenden Begründung, indem du Satzglieder ergänzt und umstellst.

> Während meines Praktikums habe ich einen Eindruck von der Arbeit als Konditor bekommen. Ich habe mich im BIZ auch über den Beruf informiert.

Adverbiale Bestimmungen

Bär als Angsthase

Holzfäller Tim Colchester war am Freitagabend für zwei, drei Stunden zu Freunden zum Kartenspielen gegangen. Während er noch weg war, brach gegen Mitternacht aus Hunger ein Bär in sein Blockhaus ein. Seine Frau glaubte aus leidvoller Erfahrung, Tim käme wieder einmal ziemlich beschwipst nach Hause. Zornig bereitete sie im Dunkeln dem vermeintlichen Ehemann mit einem Besenstiel einen schlagkräftigen Empfang. Der entsetzte Bär trat sofort die Flucht in die Wildnis an. Jäger entdeckten am nächsten Tag seine Spur bereits 37 Kilometer vom Blockhaus entfernt.

> **Merke!**
>
> **Adverbiale Bestimmungen** sind nicht zwingend notwendige Satzglieder. Sie ergänzen die Satzaussage und machen nähere Angaben zum Geschehen. Man unterscheidet adverbiale Bestimmungen **der Zeit, des Ortes, der Art und Weise und des Grundes**.

3 a) Schreibe den Text ab und markiere die adverbialen Bestimmungen mit unterschiedlichen Farben.

b) Ordne sie in eine Tabelle ein.

Adverbiale Bestimmung der Zeit (Wann? Wie lange?)	Adverbiale Bestimmung des Ortes (Wo? Wohin?)	Adverbiale Bestimmung der Art und Weise (Wie?)	Adverbiale Bestimmung des Grundes (Warum?)
am Freitagabend …	zu Freunden …	ziemlich beschwipst …	zum Kartenspielen …

4 a) Bestimme die adverbialen Bestimmungen.

seit langem	aus Interesse	nächstes Jahr
zum Geldverdienen	in Eile	mit Engagement
dort	in der Firma	in Rosenheim
notgedrungen	jetzt	gezielt

b) Ergänze sie sinnvoll in den folgenden Sätzen. Beschreibe die Veränderungen.

Sie sucht einen Ausbildungsplatz als Heizungsbauerin.
Er hat ein Praktikum gemacht.
Sie will nicht weggehen.

c) Suche andere adverbiale Bestimmungen, die die Aussage des Satzes verändern.

Wiederholen und vertiefen

+++ **Wiederholen und vertiefen** +++ **Wiederholen und vertiefen** +

Station 1: Fremdwörter in Texten

„Der Look ist voll angesagt"

Sportausrüster werben mit Hip-Hop-Musikern, um unter Jugendlichen Kult zu werden

Der Zeitpunkt, an dem die Herzogenauracher Sportartikelhersteller Adidas eine coole Lifestyle-Marke wurden, lässt sich genau datieren. Es war im Jahr 1986, Auslöser waren ... ein Rapsong und ein Musikvideo. Das Lied hieß „My Adidas" und befand sich auf dem dritten
5 Album der Hip-Hop-Gruppe Run DMC. Entscheidend aber war das Video zu einem anderen Stück dieser Platte: Durch den Clip zu „Walk this Way" stampften die drei Run DMC-Mitglieder in Adidas-Turnschuhen. Der Song wurde ein Welthit- und die Umsatzzahlen von Adidas schnellten in den USA in ungeahnte Höhen. (...)
10 Bis dahin ... hatten Sportausrüster sich ... nur als solche begriffen, nicht etwa als Hersteller von Modeartikeln, die man auch zum Sport anziehen kann. (...)
Damit die Sportfirmen verstanden, [was] ... in ihren Marken steckt, brauchte es einen zweiten ... Hype: In den neunziger Jahren gab es
15 von Großbritannien ausgehend ein Revival alter Turnschuhe. (...)
Daraus haben Firmen wie Adidas längst Konsequenzen gezogen. Einerseits hat Adidas bald seine gesamten historischen Sportsachen wieder herausgebracht, andererseits mit der Rapperin Missy Elliott eine Kollektion namens „Respect ME" entwickelt. (...)
20 Hip-Hop ist das bevorzugte Terrain ..., weil er in der ganzen Welt verbreitet ist.

1 Wie kam es dazu, dass Sportausrüster wie Adidas eine Modemarke für Jugendliche wurden? Erkläre das mit eigenen Worten.

2 a) Notiere Fremdwörter aus dem Text. Kläre Unbekanntes mit Hilfe des Textzusammenhangs oder des Wörterbuches.

b) Suche im Text passende Fremdwörter für die Begriffe und Ausdrücke aus der Wortliste in der Randspalte.

c) Woher stammen die meisten Fremdwörter im Text? Begründe.

3 Im Text werden Ausdrücke und Wörter aus der Jugendsprache verwendet. Suche zwei Beispiele und nenne die Textstellen.

Folgen
auf einen Zeitpunkt festlegen
etwas wird wieder modern
übertriebener Rummel
Gebiet

Station 2: Konjunktionen im Satzgefüge

Kurze Nummer – hohe Kosten

Eine 14-jährige Schülerin aus W. freute sich als sie eine SMS von einem Unbekannten bekam. Er stellte sich als Alex aus Hamburg vor.
Seine Kurznachricht sei ein Irrtum gewesen da er sich vertippt habe. Obwohl er sie gar nicht gemeint hatte quatschten sie noch eine Weile über die Schule und flirteten sogar ein bisschen.
Sobald sie aus der Schule kam meldete sie sich bei Alex. Sie verabredeten sich immer wieder. Plötzlich teilte der vermeintliche Verehrer mit dass 100 € Gebühren fällig werden. „Es war alles gelogen", schimpfte die Schülerin enttäuscht.
Gezielt hatten Abzocker das Mädchen hinters Licht geführt. Alex war nichts als eine Erfindung.

1 a) Schreibe die Satzgefüge (Hauptsatz + Nebensatz) in dein Heft und setze die fehlenden Kommas.

b) Markiere die einleitenden Konjunktionen und die Prädikate farbig.

c) Vergleiche mit deinem Lernpartner/deiner Lernpartnerin, dann mit dem Lösungsteil.

Minderjährige fallen zunehmend skrupellosen Geschäftemachern zum Opfer. Sie gehen unbefangen mit ihrem Handy um.

Bei Prepaid-Karten ist es schwierig, Geld einzufordern.
Die Gebühren werden sofort abgebucht.

Jugendliche sollten misstrauisch auf SMS von unbekannten Absendern reagieren. Bei den kurzen Nummern handelt es sich oft um teure Premium-SMS-Dienste.

---

2 a) Verbinde die Sätze oben mit selbstgewählten Konjunktionen.

b) Markiere die einleitende Konjunktion und das Prädikat.

c) Was drücken die Konjunktionen aus, die du gewählt hast?

d) Vergleiche die Wirkung der Satzgefüge mit der der Einzelsätze. Was stellst du fest?

Wiederholen und vertiefen

++ **Wiederholen und vertiefen** +++ **Wiederholen und vertiefen** +

Station 3: Präpositionen richtig gebrauchen

> **Merke!**
> Präpositionen kennzeichnen nicht nur den **Ort** (lokal), sondern auch die **Zeit** (temporal), die **Art und Weise** (modal) sowie den **Grund** (kausal).

1 a) Welche Präpositionen kommen in dieser Mail vor?

> … Endlich ist der Umzug nach Mannheim geschafft. Du kannst dir gar nicht vorstellen, welches Chaos bei uns noch herrscht. Im Flur, auf dem Balkon, in der Garage, überall stehen noch Umzugskisten. Ich denke, Zekiye wird vor Ärger heute Nacht nicht schlafen können. Vor allem, weil Papa ihr Handy zerbrochen hat. Vor Wut hat sie getobt!
> Aber das war nicht die einzige Katastrophe. Wegen eines Unfalls auf der Autobahn kam der Möbelwagen mit ziemlicher Verspätung an. Wir standen in der leeren Wohnung; nach zwei Stunden ist er dann endlich gekommen. Unser Haus liegt am Rhein. Ich habe das Zimmer neben dem Bad.

> **Tipp**
> (von) wem?
> (für) wen oder was?

b) Trage die Präpositionen in eine Tabelle ein.

Zeit (temporal)	Ort (lokal)	Art und Weise (modal)	Grund (kausal)
nach (dem Essen)	nach (Mannheim)	…	vor (Ärger)
…	bei …	…	…

2 Die Präpositionen legen auch fest, in welchem Kasus (Fall) das folgende Nomen oder Pronomen steht, z. B.:

Die Bushaltestelle ist (von) **unserem Haus**　　　　　**Dativ**
nur 2 Minuten entfernt.
Das große Haus hat (für) **uns alle** mehr Platz.　　　　**Akkusativ**

Schreibe die folgenden Sätze ab. Lasse immer eine Zeile frei. Bestimme, in welchem Kasus die Nomen und das Pronomen nach den Präpositionen stehen.

Zur Schule habe ich es nicht weit. Ich kann mit dem Bus fahren.
Vieles ist für mich noch neu.
Aber mit den Nachbarn habe ich mich schon bekanntgemacht.
In der ersten Nacht konnte ich vor Aufregung nicht einschlafen.
Einige Kartons stehen noch im Keller.

Wiederholen und vertiefen +++ Wiederholen und vertiefen +++

Station 4: Adverbiale Bestimmungen ergänzen

> Die Gaststätte liegt schön. Die Betreiberfamilie Hoffmann ist beliebt bei Touristen und Einheimischen gleichermaßen. Sie führt die Gaststätte erfolgreich und verwöhnt die Gäste. Herr Hoffmann ist Koch und bietet seinen Gästen auch ein Büffet an.

1
a) Wie wirkt der Text auf dich? Passt er in einen Tourismusprospekt? Begründe.

b) Bestimme die folgenden adverbialen Bestimmungen.

- in einem stillen Tal
- aufgrund ihrer Herzlichkeit
- jeden Sonntag
- seit 25 Jahren
- mit vielen regionalen Spezialitäten
- aus Leidenschaft
- liebevoll zubereitet

c) Setze die adverbialen Bestimmungen sinnvoll in den Text ein.

d) Schreibe den Text weiter. Nutze dazu einige adverbiale Bestimmungen.

Station 5: Sprachliche Bilder verwenden

- immer am Ball bleiben
- auf dem falschen Fuß erwischt werden
- ein Eigentor schießen
- ins Abseits laufen lassen
- die rote Karte gezeigt bekommen
- im Abseits stehen

1
a) Erkläre die sprachlichen Bilder mit eigenen Worten.

b) Überlege dir Situationen außerhalb der Fußballwelt, wo man diese sprachlichen Bilder verwenden kann.

c) Zeichne die folgenden sprachlichen Bilder. Was ist eigentlich gemeint?
- Kies in der Tasche haben
- auf den Putz hauen
- einen Programmabsturz haben
- jemandem Dampf machen

Grundwissen

Textsorten

Erzählung

In Erzählungen gibt es den vom Autor/von der Autorin eingesetzten „Ich-Erzähler", der selbst in das Geschehen verwickelt ist und aus seiner Perspektive erzählt. Zum anderen gibt es den Er-/Sie-Erzähler, der alles zu wissen scheint. Er/Sie beobachtet die Personen von außen, kann sich aber auch jederzeit in ihr Inneres versetzen und ihre Gedanken und Gefühle schildern (innerer Monolog). Das Präteritum ist die typische Zeitform. Manchmal wird ins Präsens gewechselt, um die Spannung zu steigern. **Beispiel: S. 50 f.**

Kurzgeschichte

Eine Kurzgeschichte ist eine knappe moderne Erzählung. Sie kann folgende Merkmale haben:
- Ein wichtiges Erlebnis im Alltag von zumeist wenigen Personen
- Unvermittelter Einstieg in das Geschehen: Oft ist schon im ersten Satz von einer Person die Rede, die nicht in einer Einleitung vorgestellt wurde.
- Offener Schluss, der die Lesenden zum Nachdenken anregt und meist mit einem Wende- oder Höhepunkt zusammenfällt.

Passend zum Inhalt wird häufig eine Alltagssprache gewählt, die oft durch sehr kurze, leicht verständliche Sätze zum Ausdruck gebracht wird. Meist finden sich Wiederholungen in Wortwahl und Satzbau. In wörtlichen Reden oder inneren Monologen stehen oft umgangssprachliche Ausdrücke.

Ballade

Sie besitzt die Form eines Gedichts. Die Geschichte wird oft in dramatischer Form mit Dialogen erzählt.

Fabel

Meist stehen im Mittelpunkt des Geschehens Tiere, denen bestimmte Eigenschaften zugeschrieben werden. Die Tiere denken und handeln wie Menschen, haben meist gegensätzliche Charaktermerkmale und führen Streitgespräche. Zum Schluss kann je nach Handlung und Lehre der Starke zum Schwachen werden. **Beispiel: S. 133**

Nachricht

Sie informiert knapp und möglichst sachlich über ein aktuelles Ereignis und sollte die W-Fragen beantworten. Oft steht die zentrale Aussage in einem Vorspann (Lead).

Bericht

Er geht über eine Nachricht hinaus, da auch Hintergrundfragen angesprochen werden. Er dient in erster Linie der sachlichen Information über ein Ereignis. Ein Bericht sollte sich ohne persönliche Wertungen auf eine möglichst genaue Darstellung des Geschehens beschränken. Meist werden Aussagen wiedergegeben durch wörtliche oder indirekte Rede.

Reportage

Die Reportage kann als persönlicher Erlebnisbericht bezeichnet werden. Sie ist im Präsens verfasst und hat folgende Merkmale:
- Information über ein aktuelles Thema
- Reporter/Reporterin begibt sich an den Ort des Geschehens und führt Interviews durch
- Persönliches Erleben des Reporters/der Reporterin wird durch gefühlvolle Sprache deutlich
- Persönliche Darstellung des Themas soll zur Meinungsbildung beitragen
- Aussagekräftige Bilder

Kommentar

Der Kommentar vereint sowohl Informationen als auch die persönliche Meinung der Verfasserin/des Verfassers. In einem Kommentar nimmt die Verfasserin/der Verfasser Stellung zu einem aktuellen Tagesereignis. Sie/Er erklärt das Ereignis und liefert Hintergrundinformationen. Dabei wird der Sachverhalt nicht neutral dargestellt, sondern von der Verfasserin/dem Verfasser interpretiert und bewertet. Sie/Er begründet ihre/seine Meinung mit Hilfe von Argumenten.
Ein guter Kommentar stimmt die Leserschaft nachdenklich und regt sie an, sich ihre eigene Meinung zu bilden.

Texte schreiben

Briefe

In einem **persönlichen Brief** erzählst oder berichtest du dir bekannten Personen oder du teilst ihnen etwas mit.   **Erlebnis, Einladung**
Er enthält:
Ort und Datum   **Augsburg, 12.07.2006**
Anrede   **Lieber Max/Sehr geehrter Herr Huber**
Brieftext
Grußformel   **Herzliche Grüße dein Leo/ Mit freundlichen Grüßen**

Anredepronomen
in persönlichen Briefen kannst
du klein- oder großschreiben: **du, dir, dich, dein(e), ihr, euch, eure**
    Du, Dir, Dich, Dein(e), Ihr, Euch, Eure

Schreibst du eine **E-Mail**, dann tippst du in das Feld „An" die E-Mail-Adresse des Empfängers. In das Feld „Betreff" gibst du ein, worum es in deinem Brief geht. In das Feld darunter schreibst du deinen Brief.

In einem **sachlichen Brief** wendest du dich meist an Vereine, öffentliche Einrichtungen oder an Personen, die du persönlich nicht gut kennst.   **Antrag**
Er enthält:
Ort und Datum   **Freising, 11.08.2006**
Betreff   **Antrag auf Erlaubnis für ...**
Anrede   **Sehr geehrter Herr Hofer**
Brieftext
Grußformel   **Mit freundlichen Grüßen**

Du sprichst die Personen mit „Sie" an. Die Anredepronomen der höflichen Anrede werden großgeschrieben: **Sie, Ihre, Ihr, Ihnen.**
Eine Meinung oder ein Anliegen muss begründet werden, um anzukommen. Die Begründungen sollten sinnvoll sein.
Die Sprache sollte höflich und sachlich sein.

Leserbrief

In einem Leserbrief nimmst du zu einem Zeitungsartikel oder aktuellen Thema Stellung. Der Leserbrief gibt dir die Möglichkeit, deine Meinung öffentlich darzustellen.
Er ist wie ein sachlicher Brief aufgebaut.
Nenne zunächst den Anlass für deinen Leserbrief. Lege dann deinen Standpunkt mit überzeugenden Argumenten dar. Fasse zum Schluss deine Argumente zusammen oder schlage eigene Ideen zum Thema vor.

Stellung nehmen

- Sammle und ordne Informationen zum Thema.
- Bilde dir deine Meinung mit Hilfe der Informationen.
- Nenne in der **Einleitung** den Anlass deiner Stellungnahme und das Problem/Thema, zu dem du Stellung nimmst.
  Immer mehr Menschen begeistern sich für Extremsportarten. Deshalb …
  Es ist die Frage, ob …
- Vertritt im **Hauptteil** deinen Standpunkt mit überzeugenden Argumenten. Stütze dazu deine Meinung auf Begründungen oder Beispiele.
  Je sinnvoller die Begründungen sind, desto überzeugender sind deine Argumente.
  Meiner Meinung nach …
  Das lehne ich ab, weil …
  Ich bezweifle, dass …
  Ich finde das zu gefährlich, da …
- Fasse im **Schlussteil** deine Argumente zusammen und formuliere deine Meinung. Du kannst auch eigene Ideen zum Thema vorschlagen.
  Meiner Meinung nach …
  Ich halte das für richtig, weil …

Grundwissen: Texte schreiben

**Grundwissen
Texte schreiben**

Erzählen aus Sicht einer anderen Person

Sammle im Text alle Informationen, die du zu dieser Person und ihrer Situation erhältst. Mache dir ein genaues Bild von der Person.
- Stelle dir diese Person in der Situation so genau wie möglich vor.
- Überlege dir, welche Gedanken, Gefühle und Verhaltensweisen noch zu der Person passen würden.

Einleitung: Führe kurz in die Situation ein.
Hauptteil: Schildere die Gefühle und Gedanken der Person. Schreibe so, dass Lesende sich gut vorstellen können, wie die Person sich in dieser Situation fühlt und warum sie so handelt.
Schluss: Überlege dir einen Schluss, der zu der Person in der dargestellten Situation passt.

Texte zusammenfassen

- **Den Text verstehen:** Lies den Text langsam und aufmerksam. Schwierige Stellen kannst du zweimal lesen. Kläre unbekannte Wörter: bei Sachtexten vor allem Fremdwörter und Fachbegriffe, bei literarischen Texten vor allem selten vorkommende Wörter, Redewendungen, Sprichwörter und Wortbilder.
- **Den Text zusammenfassen:** Teile den Text zunächst in Abschnitte ein. Ein Abschnitt beginnt, wenn über ein neues Thema geschrieben wird oder bei einem Orts- oder Zeitwechsel. Fasse dann die Abschnitte in ein bis zwei Sätzen zusammen. Verwende das Präsens. Verbinde schließlich die Sätze zu einem knappen Text.
- **Den Text überprüfen:** Werden alle W-Fragen beantwortet?
- **Eine Einleitung schreiben:** Die Einleitung muss Titel und Verfasser des Textes enthalten sowie einen kurzen Überblick über den Inhalt des Textes geben: Worum geht es? Bei Sachtexten müssen die Quelle (z. B. der Name der Zeitung) und das Erscheinungsdatum genannt werden.

Berichten

Gib einen Sachverhalt oder ein Geschehen wahrheitsgemäß und genau wieder. Beantworte knapp und sachlich möglichst alle W-Fragen.
Wer? Was? Wo? Wie? Wann? Warum?
Zum Beispiel: Berichte über Projektarbeit oder einen Ausflug.
Berichte **in der richtigen Reihenfolge** über eine Sache oder ein Geschehen.
Schreibe im **Präteritum.**

Beschreiben

Als Vorgänge kannst du z. B. Spiel- oder Bastelanleitungen, Rezepte oder Versuche beschreiben.
Da die Vorgänge wiederholbar sind, verwende das **Präsens.**
Teile dem Leser/der Leserin auch mit, welche **Materialien** er/sie benötigt.

Schreibtipps:
Achte auf die richtige **zeitliche und logische Reihenfolge.**
Begründe wichtige Schritte.
Verwende die Satzanfänge abwechslungsreich,
zum Beispiel: **Zuerst, danach, anschließend, zuletzt.**
Schreibe bei Versuchen auf, was du an Neuem erfahren hast.
Formuliere auch Erklärungen für die Beobachtungen.

Richtig schreiben

Schreibweisen

Großschreibung	
Man schreibt **groß**:	
• Satzanfänge:	Heute gehen wir schwimmen.
• Eigennamen:	Lisa, Daniel, Familie Müller
• Nomen:	das Haus, ein Buch, die Katze
• Anrede von Personen, die man siezt:	Sie, Ihre, Ihr, Ihnen
• Zeitangaben nach gestern, heute, morgen:	morgen Vormittag, heute Abend, gestern Nachmittag
• als Nomen gebrauchte Verben und Adjektive:	das Schwimmen, beim Rudern, viel Neues, das Gute
Nomen kannst du erkennen:	
• am Artikel:	**die** Liebe, **ein** Hund
• an der Präposition mit verstecktem Artikel:	**im** (in dem) Boot, **beim** (bei dem) Bäcker
• am Possessivpronomen (besitzanzeigenden Fürwort):	**mein** Vater, **unser** Auto
• am Demonstrativpronomen (hinweisenden Fürwort):	**diese** Karte, **dieses** Strahlen, **dieser** Hefter
• an Zahlwörtern (Numeralien):	**viele** Kinder, **manches** Interessante
• an bestimmten Nachsilben:	die Werb**ung**, die Bereit**schaft**, die Frei**heit**, die Übel**keit**, das Erleb**nis**

Schreibweisen langer Vokale

Meistens schreibt man den
einfachen Vokal: Wagen, Tor, tun, Esel

- Ein langer Vokal wird oft mit **h** geschrieben: fahren, Lehm, Kohle, kühl
- Die Länge wird bei manchen Wörtern durch die **Verdoppelung des Vokals** gekennzeichnet: Aal, Schnee, Zoo
- Das lange **i** wird meistens **ie** geschrieben: Riese, ziemlich, gießen
  Ausnahmen: ihr, ihm, ihnen, Igel, gib (Befehlsform von geben)

Schreibweisen nach kurzen Vokalen

Nach **kurzem betontem** Vokal folgen in der Regel **zwei** oder **mehrere Konsonanten:**   Bank, sonst, gern, Sumpf

- Nach einem **kurzen betonten** Vokal folgt oft ein **doppelter Konsonant:**   Affe, lassen, hoffen, Tipp
- Für Doppel-k steht oft **ck:**   packen, Hocker
- Für Doppel-z steht oft **tz:**   Hitze, Katze

Schreibweisen leicht verwechselbarer Laute

Manche Laute klingen ähnlich:

- **d** und **t**, **g** und **k**, **b** und **p**
  Die richtige Schreibweise findest du, indem du das Wort verlängerst: Rad – Räder, stark – stärker, Korb – Körbe, sie rät – raten

- **ä** oder **e**, **äu** oder **eu**
  Hier findest du die richtige Schreibweise, indem du ein verwandtes Wort suchst: sie läuft – laufen, Räuber – rauben, Gläser – Glas, läuten – laut

- **Doppel-s** steht nur nach **kurzem betontem** Vokal: Tasse, Wissen, Biss, sie küsst

- **ß** steht nur nach **langem Vokal** oder **Doppellaut** (au, äu, ai, ei, eu):   heißen, Ruß, Gruß, sie grüßt

Grundwissen: Richtig schreiben

Erdkundliche Namen und Eigennamen	
Adjektive, die zu einem erdkundlichen Namen oder Eigennamen gehören, werden **großgeschrieben:**	**Rotes** Meer, **Atlantischer** Ozean, **Kölner** Dom, **Schiefer** Turm von Pisa, Karl der **Große**
Von erdkundlichen Namen abgeleitete **Adjektive auf -er** werden großgeschrieben:	Hamburger Hafen, Nürnberger Lebkuchen, Dresdener Stollen
Von erdkundlichen Namen abgeleitete **Adjektive auf -isch** werden **kleingeschrieben,** wenn sie nicht zu einem Namen gehören:	ungarische Salami, französischer Wein, spanische Orangen; aber: Atlantischer Ozean

Getrennt- und Zusammenschreibung	
Die **meisten Verbindungen aus Nomen und Verb** werden **getrennt** geschrieben:	Rad fahren, Not leiden, Angst haben, Eis essen
Aber zusammengeschrieben werden z. B.:	leidtun, schlafwandeln, handarbeiten, bergsteigen
Verbindungen aus Verb und Verb werden meist **getrennt** geschrieben:	spazieren gehen, liegen lassen, stecken bleiben
Tipp: Im Zweifelsfall getrennt schreiben!	
Verbindungen aus Adjektiv und Verb werden **getrennt** geschrieben:	schnell laufen, gründlich lesen
Einige dieser Fügungen werden auch **in übertragener Bedeutung** verwendet und dann **zusammengeschrieben:**	Sie werden den Angeklagten freisprechen. Beim Referat solltest du **frei sprechen.**

Trennung

Einsilbige Wörter kann man nicht trennen:	Au, oft
Wörter trennt man:	
• nach **Sprechsilben**:	Er-leb-nis, Rit-ze
• zwischen ihren **Wortbausteinen**:	Schlaf-lied, Haus-flur
Buchstabenverbindungen, die für einen Konsonanten stehen, werden nicht getrennt: **ch, sch, ck:**	su-chen, wa-schen, ba-cken

Fremdwörter

Fremdwörter werden meistens nach ihrer Herkunftssprache geschrieben:	der Computer, das Training, die Jeans, die Regie
Viele Fremdwörter wurden in Aussprache und Schreibung der deutschen Sprache angepasst. Beide Schreibweisen sind möglich:	Friseur – Frisör, Delphin – Delfin
Verben auf **-ieren** schreibt man mit **ie**:	fotografieren, kontrollieren, notieren
Adjektive haben häufig folgende **Endungen**:	
-iell:	finanziell, prinzipiell
-ant:	tolerant, ignorant
-al:	national, funktional
-iv:	kooperativ

Grundwissen: Richtig schreiben

Kommasetzung

Ein Komma setzt man bei **Aufzählungen,** wenn sie nicht mit **und** oder mit **oder** verbunden sind:	Zur Feier kommen Freunde, Nachbarn und Verwandte.
Ein Komma steht **zwischen Hauptsätzen:**	Inken spielt Basketball, aber sie schwänzt oft das Training.
Bei der Verbindung mit **und** oder mit **oder** kann das Komma in der Satzreihe entfallen:	Inken spielt morgen Basketball oder sie trifft sich mit ihrer Freundin.
Ein Komma steht zwischen **Hauptsatz** und **Nebensatz:**	Ich fahre in die Stadt, da ich eine CD kaufen möchte.
Das Komma trennt **nachgestellte zusätzliche Erklärungen** und **Einschübe** ab:	Das ist Anna, meine Schwester. Anna, meine Schwester, ist zwei Jahre älter.

Wörtliche Rede

Zeichensetzung bei der **wörtlichen Rede:**

Begleitsatz vorne:

____: „〰〰!"	Lydia rief: „Komm doch mit!"
____: „〰〰."	Lydia sagte: „Ich komme mit."
____: „〰〰?"	Lydia fragte: „Kann ich mitkommen?"

Begleitsatz hinten:

„〰〰?", ____.	„Nehmt ihr mich mit?", fragte Lydia.
„〰〰", ____.	„Ich komme mit", sagte Lydia.
„〰〰!", ____.	„Komm jetzt!", rief Lydia.

Begleitsatz in der Mitte:

„〰〰", ____, „〰〰."	„Heute", sagte Lydia, „komme ich mit."
„〰〰", ____, „〰〰?"	„Vielleicht", fragte Lydia, „willst du mitkommen?"
„〰〰", ____, „〰〰!"	„Am besten", rief Lydia, „gehen wir beide!"

Sprache untersuchen

Wortarten

Nomen (Namenwort)

Nomen (Substantive) benennen Lebewesen, Gegenstände, Vorstellungen: der Vogel, das Auto, die Wahrheit

Sie können im **Singular** (Einzahl) und im **Plural** (Mehrzahl) stehen.

Sie können in vier **Fälle** (Kasus) gesetzt werden:

		Singular	Plural
Nominativ (1. Fall)	„Wer?" oder „Was?"	der Vogel	die Vögel
Genitiv (2. Fall)	„Wessen?"	des Vogels	der Vögel
Dativ (3. Fall)	„Wem?"	dem Vogel	den Vögeln
Akkusativ (4. Fall)	„Wen?" oder „Was?"	den Vogel	die Vögel

Artikel (Begleiter)

Der **Artikel** ist der Begleiter des Nomens. Man unterscheidet:

- den **bestimmten** Artikel (der, die, das): **der** Mensch, **die** Maus, **das** Buch

- den **unbestimmten** Artikel (ein, eine, ein): **ein** Hut, **eine** Katze, **ein** Pferd

Pronomen (Fürwort)

Das **Pronomen** ersetzt meist ein Nomen, z. B. ein **Personalpronomen** (persönliches Fürwort): ich, du, er/sie/es, wir, ihr, sie

Oder es begleitet ein Nomen, z. B. ein **Possessivpronomen** (besitzanzeigendes Fürwort): **mein** Haus, **dein** Haus, **sein** Haus/**ihr** Haus, **unser** Haus, **euer** Haus, **ihr** Haus

Grundwissen: Sprache untersuchen

Pronomen (Fürwort)

Wer auf eine bestimmte Sache oder auf Personen hinweisen will, gebraucht **Demonstrativpronomen** (hinweisende Fürwörter):	Suchst du **diese** Tasche?
Als Demonstrativpronomen werden verwendet:	dieser, diese, dieses, der, die, das ...
Wörter wie **man, jemand, niemand ...** zählen zu den **Indefinitpronomen** (unbestimmten Pronomen):	**Jemand** hatte die Tasche gestohlen.

Relativpronomen

Relativpronomen verbinden den Relativsatz (Nebensatz) mit einem Nomen oder Pronomen:	Der Dieb, **der** am Sonntag in die Villa eingebrochen war, konnte gefasst werden.
Relativpronomen richten sich im Numerus (Singular oder Plural) und im grammatischen Geschlecht (männlich, weiblich oder sächlich) nach dem Bezugswort:	Der Dieb, **dem** auch noch weitere Einbrüche nachgewiesen werden konnten, sitzt nun für lange Zeit im Gefängnis.
Relativpronomen sind:	der, die, das; welcher, welche, welches; was

Verb (Tätigkeitswort)

Das **Verb** gibt an, was ist, was geschieht oder was jemand tut.

Der **Infinitiv** ist die Grundform des Verbs: heißen, wachsen, spielen

Das Verb kann in unterschiedlichen **Zeitformen** stehen, z. B.:

	Präsens	**Präteritum**	**Perfekt**
ich	gehe	ging	bin gegangen
du	gehst	gingst	bist gegangen
er/sie/es	geht	ging	ist gegangen
wir	gehen	gingen	sind gegangen
ihr	geht	gingt	seid gegangen
sie	gehen	gingen	sind gegangen

	Plusquamperfekt	**Futur**
ich	war gegangen	werde gehen
du	warst gegangen	wirst gehen
er/sie/es	war gegangen	wird gehen
wir	waren gegangen	werden gehen
ihr	wart gegangen	werdet gehen
sie	waren gegangen	werden gehen

Verbformen im **Aktiv** heben den „Täter" einer Handlung hervor: **Alex** putzte das Fahrrad.

Mit Verbformen im **Passiv** wird das Geschehen betont: Das Fahrrad **wurde** (von Alex) **geputzt.**

Das Passiv wird mit **werden** (wird, wurde, ist ... worden) und einer Verbform gebildet:

	Präsens	**Präteritum**
das Fahrrad	wird geputzt	wurde geputzt
	Perfekt	**Plusquamperfekt**
	ist geputzt worden	war geputzt worden
	Futur	
	wird geputzt werden	

Grundwissen: Sprache untersuchen

Verb: Konjunktiv und Indikativ

Die Wirklichkeitsform des Verbs wird **Indikativ** genannt. Sie drückt aus, dass das Geschriebene oder Gesagte als wahrscheinlich, wirklich angesehen wird: Die Indikativformen sind die Verbformen, die am häufigsten verwendet werden.	Viele **freuen** sich, wenn es Weihnachten schneit.
Um auszudrücken, was man sich nur vorstellt oder wünscht, benutzt man oft besondere Verbformen. Diese Verbformen werden **Konjunktiv** genannt:	Ich **ginge** gern ins Kino, wenn ich Zeit **hätte.** **Wäre** er pünktlich, **könnten** wir beginnen.
Konjunktiv (besonders Konjunktiv I) benutzt man in der **indirekten Rede,** um anderen zu berichten, was jemand gesagt hat:	Philipp sagte, dass er Lust **habe,** schwimmen zu gehen.

Der Konjunktiv I wird vom Präsens, der Konjunktiv II vom Präteritum abgeleitet:

Konjunktiv I	**Konjunktiv II**	
ich gehe	ich ginge	Philipp meinte, er **gehe** ins Kino. Sein Freund **ginge** mit, wenn er Zeit hätte.
du gehest	du gingest	
er/sie/es gehe	er/sie/es ginge	
wir gehen	wir gingen	
ihr gehet	ihr ginget	
sie gehen	sie gingen	

Besonders in der Umgangssprache werden die Konjunktivformen oft durch Umschreibungen mit **würde** ersetzt:	Philipp meinte, er **würde** ins Kino gehen.

Adjektiv (Eigenschaftswort)

Das **Adjektiv** beschreibt, wie Lebewesen, Gegenstände, Vorgänge oder Tätigkeiten sind:	der **alte** Baum, ein **rotes** Auto, der **starke** Regen
Adjektive können **gesteigert** werden: Grundstufe:	arm
1. Steigerungsform: (Vergleichsstufe/Komparativ)	ärmer
2. Steigerungsform: (Höchststufe/Superlativ)	am ärmsten

Präposition (Verhältniswort)

Die **Präposition** zeigt, wie Lebewesen und Dinge zueinander im Verhältnis stehen.	Die Schuhe liegen **unter** dem Tisch. Sie kommt **um** 9 Uhr. Wir treffen uns **bei** dir.
Nach Präpositionen steht auf die Frage „**Wo?**" der Dativ, auf die Frage „**Wohin?**" der Akkusativ:	Der Stift liegt auf **dem Stuhl**. Ich habe ihn auf **den Stuhl** gelegt.

Adverb (Umstandswort)

Ein **Adverb** (Plural: Adverbien) macht Angaben zu **Ort, Zeit, Art und Weise** oder **Grund**:	dort, morgen, gern, vorsichtshalber

Numerale (Zahlwort)

Zahlwörter (Plural: Numeralien) verwendet man zum Messen, Abzählen und für Mengenangaben.	
Zahlwörter sind z. B.:	ein(s), zwei, achte(r) …
Unbestimmte Zahlwörter sind z. B.:	alle(s), manche(s), mehrere; **viel** Geld, **wenig** Neues, **alles** Gute

Grundwissen: Sprache untersuchen

Konjunktion (Bindewort)

Eine **Konjunktion** verbindet Wörter, Satzteile und Sätze miteinander:

heute **oder** morgen,
Mäuse **und** Ratten,
Tom war überglücklich, **weil** Birgül sich endlich mit ihm treffen wollte.

Konjunktionen **in der Satzreihe**: Ein Mechatroniker muss vielseitig sein, **denn** er übt viele verschiedene Tätigkeiten aus.

Die Hauptsätze sind gleichrangig und nebengeordnet.

Nebenordnende Konjunktionen in der **Satzreihe**:

... und ...
... oder ...
..., aber ...
..., denn ...
..., sondern ...
..., doch ...

Konjunktionen **im Satzgefüge**: Ein Mechatroniker muss vielseitig sein, **weil** er viele verschiedene Tätigkeiten ausübt.

Der Nebensatz ist dem Hauptsatz untergeordnet.

Unterordnende Konjunktionen am Beginn von **Nebensätzen**:

ob, dass, wenn, weil als, damit, indem, nachdem, seitdem, obwohl, sodass, anstatt dass ...

Satzglieder

Subjekt	
Das **Subjekt** gibt an, wer oder was etwas tut (Frage: „**Wer?**" oder „**Was?**"):	**Die Leute** schimpfen. **Der Hund** bellt.

Prädikat	
Das **Prädikat** gibt an, was er/sie/es … tut oder was geschieht:	Das Mädchen **lacht**. Es **regnet**.

Objekt	
Das **Objekt** ist eine Ergänzung des Verbs. Ein Objekt kann stehen: im **Dativ** (3. Fall) → Frage: „**Wem?**"	Der Ball gehört **dem Kind**.
im **Akkusativ** (4. Fall) → Frage: „**Wen?**" oder „**Was?**"	Er bringt **den Eimer**.

Adverbiale Bestimmungen (zusätzliche Angaben)		
Adverbiale Bestimmungen (zusätzliche Angaben) liefern weitere Informationen:		
zur **Zeit** (temporal)	→ „**Wann?**"	**Am frühen Morgen** fahren wir los.
zum **Ort** (lokal)	→ „**Wo?**"	Wir treffen uns **an der Bushaltestelle**.
zum **Grund** (kausal)	→ „**Warum?**"	**Wegen einer Panne** bin ich zu spät.
zur **Art und Weise** (modal)	→ „**Wie?**"	**Mit Riesenschritten** renne ich dem Bus hinterher.

Grundwissen: Sprache untersuchen

Satzarten

Satzarten	
Aussagesatz:	Hanna arbeitet im Garten.
Fragesatz:	Hast du das schon gewusst?
Aufforderungssatz:	Komm sofort her!
Ausrufesatz:	Das ist ja schrecklich!

Hauptsatz

Ein einfacher Hauptsatz ist ein selbstständiger Satz.

    Felix   lachte.

Er braucht nur zwei Satzglieder: **Subjekt** und **Prädikat**.

    Subjekt   **Prädikat**

Der erweiterte Hauptsatz enthält neben Subjekt und Prädikat noch andere Satzglieder:

Objekte:

Sina gibt ihrem Freund ein Geschenk.
↓ ↓ ↓ ↓
Subj. **Präd.** **Dativ-objekt** **Akkusativ-objekt**

Adverbiale Bestimmungen (zusätzliche Angaben):

Sie feiern am Sonntag.
↓ ↓ ↓
Subj. **Präd.** **adverbiale Bestimmung**

Relativsatz

Der **Relativsatz** enthält eine ergänzende Information zu einem Nomen oder Pronomen:

Ich kaufe das Buch, **das** meine Freundin mir empfohlen hat.

Der Relativsatz wird durch ein **Relativpronomen** eingeleitet:

der, die, das; welcher, welche, welches; was

Nebensatz

Ein **Nebensatz** kann in der Regel nicht allein stehen, er braucht die Verbindung mit einem Hauptsatz:	Wir nehmen den Bus, **weil es regnet.**
Das Prädikat steht am Ende des Nebensatzes. Meist wird der Nebensatz mit einer Konjunktion eingeleitet:	Felix lachte, **nachdem** er Sina erkannt hatte.

Satzgefüge

Eine Verbindung von Haupt- und Nebensatz heißt **Satzgefüge:**	Weil so schönes Wetter ist, stehe ich früh auf.
Zwischen Haupt- und Nebensatz steht ein **Komma.**	

Satzreihe

Bei einer **Satzreihe** werden Hauptsätze miteinander verbunden. Diese Satzverbindungen können mit oder ohne Konjunktionen gebildet werden:	Das Wetter ist schön, ich stehe früh auf.
Bei der Verbindung mit **und** oder mit **oder** kann das Komma entfallen:	Das Wetter ist schön und ich stehe früh auf.

Grundwissen: Sprache untersuchen

Umstellprobe

Wörter oder Wortgruppen, die bei der Umstellung zusammenbleiben, sind jeweils ein Satzglied. Durch die Umstellprobe kann man Satzanfänge verändern, aber auch den Sinn des Satzes, da sich die Betonung ändert.

Die Sonne | schien | gestern | den ganzen Tag.

Den ganzen Tag | schien | gestern | die Sonne.

Gestern | schien | die Sonne | den ganzen Tag.

Ersatzprobe

| Durch die **Ersatzprobe** kann man feststellen, welcher Ausdruck am besten passt: | Sie **sagte** wütend …
 Sie **stieß** wütend **hervor** …
 … |

Erweiterungsprobe

| Mit der Erweiterungsprobe kann man feststellen, wie man etwas genauer oder deutlicher beschreiben kann: | Sie unternahmen eine Bergtour.
 Sie unternahmen eine **anstrengende** Bergtour, **die über viele schwierige Stellen führte.** |

Weglassprobe

| Mit der **Weglassprobe** kann man prüfen, was überflüssig ist: | Die Katze hatte ein ~~insgesamt fast~~ schwarzes Fell mit weißen Pünktchen.
 Die Katze hatte ein schwarzes Fell mit weißen Pünktchen. |

Text- und Bildquellen

Textquellen:

S. 9: Wichtig ist, was sichtbar ist. Nach: Michael Bauchmüller: Der Schein zählt. www.sueddeutsche.de/panorama/artikel/647/37610/print.html

S. 14: Schuluniform gegen Markenfetischismus. Nach: www.stern.de/wirtschaft/arbeit-karriere/511704.html?nv=cb

S. 18: Grundgesetz für die Bundesrepublik Deutschland, Artikel 1. Aus: Hesselberger, Dieter: Das Grundgesetz. Kommentare für die politische Bildung. Bonn 2003, S. 61

S. 32: Mut zur persönlichen Note zeigen. Aus: Fränkischer Tag vom 16.3.2001

S. 44: Handyabos werden zur Kostenfalle. Aus: Nürnberger Nachrichten vom 16.9.2005

S. 46: Aus: BGB, 1. Buch, Allgemeiner Teil, 3. Abschnitt, §§106, 110, 111. Aus: Walter Friedrich (Hrsg.), Beck Verlag, München 1987

S. 50 f.: Nicht zu wissen, wohin. Aus: Markus Jauer: Verlieben Lieben Entlieben. Kiepenheuer & Witsch Verlag, Köln 2001, S. 20 ff.

S. 58 f.: Roswitha Vetter: Der alte Mann und der Fernseher. Aus: Frankenpost, Wochenendbeilage vom 19./20.5.1984

S. 68: Is(s)t denn eigentlich keiner mehr normal? Aus: Nürnberger Nachrichten vom 4.1.2006

S. 74 f.: Und plötzlich seid ihr Eltern. Aus: Nürnberger Zeitung vom 11.1.2006

S. 77 ff.: Miriam Brand: Das Spiegelbild. Aus: Mit den Vögeln fliegen. Verlag Carl Ueberreuter, Wien 2004

S. 82 ff.: Heinz Knappe: Persönliche Vorstellung. Aus: Ein Stückchen neuer Mensch. Geschichten über mehr Miteinander. Herausgegeben von Klaus Doderer. Verlag Cornelia Riedel, Bad Homburg

S. 114: Komische Erfindungen. Nach: Rezac, Karl: Kuriose Erfindungen (Auszug). Aus: Ders.: Rund um die großen Erfindungen. Berlin (Der Kinderbuchverlag) 1980, S. 112 f.

S. 116: Freude am Mofafahren. Text (gekürzt) nach: Fahren lernen mit dem Mofa. Hrsg. von der Deutschen Verkehrswacht – Landesverkehrswacht Bayern e.V. und Verkehrswacht München. Mit freundlicher Genehmigung des Verlages Heinrich Vogel GmbH, München

S. 119: Sind Hunde und Katzen farbenblind? Nach: Ulrich Schmid: Neue populäre Irrtümer über Pflanzen und Tiere. Kosmos Verlag, Stuttgart 2003, S. 38 f.

S. 126: Warum gefrieren Fische im eisigen Polarmeer nicht? Nach: Ebd., S. 69 f.

S. 127: Sind Riesenkraken Fabelwesen? Nach: Ebd., S. 118 f.

S. 133: Der Rabe und der Fuchs. Nach: Gotthold Ephraim Lessing: Der Rabe und der Fuchs. Aus: Wer ist der König der Tiere? Fabeln aus aller Welt, gesammelt und zum Teil neu erzählt von Barbara Gehrts. Loewe Verlag, Bayreuth 1973. Äsop/Luther, Martin: Die Teilung der Beute. Aus: Projekt Deutschunterricht I.J.B. Metzler Verlag, Stuttgart 1971, S. 59

S. 134: Neben SMS-Chats warten weitere … Nach: Noelani Afif: Focus-Verlag, München Nr. 12/2004, S. 122–125

S. 135: Katja hat die richtige Wahl/Wal getroffen. Nach: Job & Future Nr. 5/2003. Hrsg. von Bausparkasse Schwäbisch Hall AG. Schwäbisch Hall

S. 138: Forschungsobjekt: Müde Teenager. Nach: Monika Wirth: Jung und immer müde. Neue Zürcher Zeitung vom 22.2.2004, S. 41

S. 139: Angriff mit Bratwurst. Aus: Nürnberger Nachrichten vom 20.4.2005

S. 140: Anti-Nikotin-Unterwäsche. Aus: Bild der Wissenschaft 4/2004. Leinfelden-Echterdingen, S. 99

S. 146: Tischler/-in, Zahntechniker/-in (gekürzt). Aus: Beruf aktuell, 1994/95. Hrsg. von der Bundesanstalt für Arbeit, Nürnberg, S. 130, 141

S. 148: Helmut Zöpfl: Mundart. Aus: ders.: Mei liaber Freund. Rosenheimer Verlagsbuchhandlung, Rosenheim 1990

S. 149: Soundcheck für die Liebe. Aus: Kristina Dunker: Soundcheck für die Liebe. Ueberreuter Verlag Wien 2003

S. 151: Bär als Angsthase. Aus: Robert E. Lembke und Ingrid Andrae-Howe: Aus einem umgestülpten Papierkorb der Weltpresse. dtv, München 1979, S. 20

S. 152: Der Look ist voll angesagt (gekürzt). Aus: Süddeutsche Zeitung vom 4.8.2005

S. 153: Kurze Nummer – hohe Kosten … Nach: Noelani Afif: Focus-Verlag, München Nr. 12/2004, S. 122–125

Bildquellen:

Titelfoto: Thomas Schulz, Berlin
Titelillustration: Sylvia Graupner, Annaberg
Illustrationen: Maja Bohn, Berlin: **S. 20, 21, 39, 50, 51, 53, 55, 57** Sylvia Graupner, Annaberg: **S. 59, 92, 94, 153** Lisa Smith, Berlin: **S. 38, 63, 87, 103, 106** Juliane Steinbach, Wuppertal: **S. 9**
S. 9, 18, 69, 75: Globus Infografik GmbH, Hamburg
S. 11: Angelika Wagener, Berlin
S. 14: picture-alliance/dpa, Frankfurt a. M.
S. 24: picture-alliance/dpa, Frankfurt a. M.
S. 33: picture-alliance/dpa, Frankfurt a. M.
S. 29, 35, 36, 39, 40 unten, 102: Thomas Schulz, Berlin
S. 40 oben: Klaus Lipa, Diedorf
S. 89: Claudia Kraus, Roßtal
S. 98: picture-alliance/dpa/dpaweb, Frankfurt a. M.
S. 104 links u. rechts: picture-alliance/dpa, Frankfurt a. M.
S. 116: picture-alliance/dpa, Frankfurt a. M.
S. 117: Bundesagentur für Arbeit, Nürnberg
S. 149: Buchcover: Kristina Dunker: Soundcheck für die Liebe. Ueberreuter Verlag Wien, 2003

Lösungen

S. 110, 1
die Mechan**ik**erwerksta**tt** (Fremdwort); **einen** blauen **L**einenanzug; eine halbwollene Mütze; pro**b**ierte; Schl**oss**eruniform; ver**ä**ndert; schlie**ß**lich; erwartete, **am M**orgen; se**tz**te; ein wenig zaghaft, an **die A**rbeit; **am S**chmieden; **seinen** gezielten **S**chlägen; erh**iel**t (erhalten); **F**orm; Preis (Preise); Devise (Fremdwort)

S. 111
grundsätzlich; während; betriebliche; versichert; Beiträge; entrichten; Berufsschulunterricht; ebenfalls; Prügelei; schließlich; hingewiesen;
Nicht markiert: **ein** solches **V**erhalten

S. 113

> Bewerbung um eine Ausbildungsstelle als Industriekau**ff**rau
>
> Sehr gee**h**rte Damen und Herren,
>
> vom Berufsberater des Arbeitsamtes erfuhr ich, dass **I**hre Firma auch im kommenden Jahr eine Industriekau**ff**rau ausbildet. Ich bewerbe mich um diesen Ausbildungsplatz. Zurzeit besuche ich die 9. Klasse der Kästner-Schule in Heidelberg, die ich im Juli 2007 mit dem Hauptschulabschluss verlassen werde. Durch Gespräche mit Industriekaufleuten und dem Berater des Arbeitsamtes habe ich **v**iel über das Berufsbild einer Industriekau**ff**rau erfahren.
> In einem Betriebspraktikum stellte ich fest, das (richtig: dass) mich kaufmännische Täti**g**keiten sehr interessieren. Deshalb möchte ich diesen Beruf gerne erlernen. Da ich in der Schule gute Ke**nn**tnisse erworben habe und in Ma**th**ematik gut bin, glaube ich, gute Vorraussetzungen mitzubringen.
> Meinen Lebenslauf mit Foto und eine Kopie des letzten Zeugnisses füge ich bei. Über eine Einladung zu einem pers**ön**lichen Gespräch würde ich mich sehr freuen.
>
> Mit freundlichen Grüßen

S. 119
- Z. 5: des Wahrnehmens (Artikel des = Nominalisierung)
- Z. 7: durchs Mikroskop (verschmolzener Artikel: durchs (durch das) = Nomen)
- Z. 9: im Hintergrund (verschmolzener Artikel im (in dem) = Nomen)
- Z. 13: die eintreffende Strahlung (Artikel bezieht sich auf Strahlung)
- Z. 16: Beim Experimentieren (verschmolzener Artikel: beim (bei dem) = Nominalisierung)
- Z. 19: Das Wahrnehmen (bestimmter Artikel = Nominalisierung)
- Z. 25: solcher Zäpfchen (Demonstrativpronomen „solcher" = Nomen)
- Z. 28: Dienst (Possessivpronomen „ihren" = Nomen)
- Z. 29: im Dunkeln (verschmolzener Artikel: im (in dem) = Nominalisierung)
- Z. 36: wenige Tiere (Zahladjektiv)
- Z. 39: ihr Sehen (Possessivpronomen „ihr" = Nominalisierung)

Z. 41: ein solches Farbsehen (Artikel ein, Demonstrativpronomen solches = Nominalisierung)
Z. 45: Experimente (gedachter Artikel „die" = Nomen)
Z. 48: falsch (Adjektiv)
Z. 48: Farbsehen (gedachter Artikel „das" = Nominalisierung)
Z. 50: etwas Außergewöhnliches („etwas" = Nominalisierung)

S. 126, 1
Temperatur, polare, bekannt, bewerkstelligen, Gewässern, Gewebsflüssigkeiten, Eiskristalle, Zellen, erstarren, klettert

S. 127, 2
Riesenkraken, Fabelwesen, Seefahrtsbüchern, gefährlichen, bewegten, seelenruhig, wohl, Krake, Ausmaßen, meiste, maß, Krake, angetrieben, vierzehn, entfielen, Meeresspiegel, regelmäßig, Riesenkraken, Zentimeter

S. 134, 1
die Einzelnen, in unserem Betrieb, interessieren, einschätzen, kann, Vorstellungsgespräch, wenn, das Gleiche, Zeugnisnoten, die Fähigkeiten, wohl, heißt, Bewerbungsmappe, etwas Genaues, erfahre, kann, ausgleichen

S. 134, 2
teure Versuchungen, wenn, dem neuesten Hit, viele, kann, stimmt, vergangenen, allein, Deutschland, mehr, ausgegeben, immer, Lockangebot, Dienstes, obwohl, sollte, verschwand, Guthaben, angedreht, konnte

S. 135
die Wahl, eine Schwäche, beim Backen, entziffern, schuf, Meisterwerke, dass, absolvierte, die 22-Jährige, nun mal, klar geworden, Gewissheiten, probieren, unbezahltes, Hamburger Traditionskonditorei, von ihrem Auftreten, nach Ablauf, bekam, klassischen, richtigen, verschiedenen, Sahneposten, das Theoretische, Abschluss, morgens, aufschließt, ersten, vierzig, Morgen, Zupacken, müssen, morgens, hundert, nachmittags, muss, morgen, verdammt

S. 144, 1a
Zum Beispiel: perfekt – vollkommen, vollendet
Situation – Lage, Zustand
Dimension – Ausmaß
Variation – Abwandlung
typisch – kennzeichnend
kreativ – schöpferisch
aktiv – unternehmend
Originalität – Besonderheit; Einmaligkeit
Exklusivität – höchsten Ansprüchen genügend

S. 144, 1e

Nomen	Verb	Adjektiv
Situation	—	situativ
Dimension	dimensionieren	dimensional
Variation	variieren	variiert
Typ	typisieren	typisch
Kreativität	kreieren	kreativ
Aktivität	aktivieren	aktiv
Originalität	—	original
Exklusivität	—	exklusiv

S. 151, 3b

Adverbiale Bestimmung der Zeit: am Freitagabend, für zwei, drei Stunden, gegen Mitternacht, wieder einmal, sofort, am nächsten Tag
Adverbiale Bestimmungen des Ortes: zu Freunden, in sein Blockhaus, nach Hause, im Dunkeln, in die Wildnis, bereits 37 Kilometer vom Blockhaus entfernt
Adverbiale Bestimmungen der Art und Weise: ziemlich beschwipst, zornig, mit einem Besenstiel
Adverbiale Bestimmung des Grundes: zum Kartenspielen; aus Hunger; aus leidvoller Erfahrung

S. 152, Station 1

z. B.: cool – sehr gut, Lifestyle – Lebensstil, datieren – mit einem Datum versehen, Rap – rhythmischer Sprechgesang, Hip Hop – auf Rap basierender Tanzstil, Welthit – erfolgreiches Musikstück, Hype – mitreißende Werbung, Revival – Wiederbelebung, Erneuerung, Terrain – Gebiet

S. 153, Station 2

1) Eine 14-jährige Schülerin aus W. freute sich, **als** sie eine SMS von einem Unbekannten **bekam.**
Seine Kurznachricht sei ein Irrtum gewesen, **da** er sich **vertippt habe.**
Obwohl er sie gar nicht **gemeint hatte**, quatschten sie noch eine Weile über die Schule und flirteten sogar ein wenig.
Plötzlich teilte der vermeintliche Verehrer mit, **dass** 100 Euro Gebühren **fällig werden**.

2) Zum Beispiel:
Da sie unbefangen mit ihrem Handy umgehen, fallen Minderjährige zunehmend skrupellosen Geschäftemachern zum Opfer.
Bei Prepaid-Karten ist es schwierig, Geld einzufordern, **weil** die Gebühren sofort abgebucht werden.
Bei den kurzen Nummern handelt es sich oft um teure Premium-SMS-Dienste, **daher** sollten Jugendliche misstrauisch auf SMS von unbekannten Absendern reagieren.

S. 154, Station 3
1b) Zeit: nach (zwei Stunden)
Ort: nach (Mannheim), bei (uns), im (Flur), auf (dem Balkon), in (der Garage), am (Rhein), neben (dem Bad)
Art und Weise: mit ziemlicher Verspätung
Grund: vor (Ärger), vor (Wut), wegen (eines Unfalls)

2) Zur Schule (Dativ) habe ich es nicht weit. Ich kann mit dem Bus (Dativ) fahren. Vieles ist für mich (Akkusativ) noch neu. Aber mit den Nachbarn (Dativ) habe ich mich schon bekanntgemacht. In der ersten Nacht konnte ich vor Aufregung (Akkusativ) nicht schlafen. Einige Kartons stehen noch im Keller.

S. 155, Station 4
1b) Adverbiale Bestimmung der Zeit: jeden Sonntag, seit 25 Jahren
Adverbiale Bestimmungen des Ortes: in einem stillen Tal
Adverbiale Bestimmungen der Art und Weise: mit vielen regionalen Spezialitäten, liebevoll zubereitet
Adverbiale Bestimmung des Grundes: aufgrund ihrer Herzlichkeit, aus Leidenschaft

1c) Zum Beispiel:
Die Gaststätte liegt in einem stillen Tal. Die Betreiberfamilie Hoffmann ist, aufgrund ihrer Herzlichkeit, beliebt bei Touristen und Einheimischen gleichermaßen. Sie führt die Gaststätte erfolgreich und verwöhnt die Gäste mit vielen regionalen Spezialitäten. Herr Hoffmann ist Koch aus Leidenschaft und bietet seinen Gästen jeden Sonntag ein liebevoll zubereitetes Büfett an.

S. 155, Station 5
1a) Zum Beispiel:
immer am Ball bleiben – aktiv bleiben, etwas weiterverfolgen; **auf dem falschen Fuß erwischt werden** – unvorbereitet überrascht werden; **ein Eigentor schießen** – einen unbedachten Schritt tun und dadurch in eine schwierige Lage geraten; **ins Abseits laufen lassen** – jemanden in eine schlechte Situation bringen; **die rote Karte gezeigt bekommen** – jemanden nach einer Verwarnung vor Konsequenzen setzen; **im Abseits stehen** – ausgeschlossen sein

1b) z. B.: in Prüfungssituationen, auf dem Schulhof

Stichwortverzeichnis

A
Abkürzungen   65, 93, 121, 142
Adverbiale Bestimmungen   151, 155
Adjektiv   125, 140
Anredepronomen   120
Argumentieren   11 ff., 20 ff., 24 ff.
Artikel   114
Aufgaben verstehen   62 ff.
Aufzählung   129

B
Begründen   65 ff., 67
Bewerbungsschreiben   28 ff., 117
Briefe schreiben   48 f., 120 f.

C
Cluster   15, 66

D
Dialekt   148 ff.
Diskutieren   8 ff., 16 ff.
Doppelkonsonanten   126

E
Eigennamen   118
Einstellungstest   135
E-Mail   49
Erzählmittel   54
Erzählperspektive   54

F
Fachsprache, Fachbegriffe   146 f.
Fehlerschwerpunkte erkennen   110 ff.
Flussdiagramm   99
Formulierungsbaukasten   13
Fremdwörter   122, 128, 144, 152

G
Getrennt- und Zusammenschreibung   124 f.
Gesetzestext   46
Gesprächsregeln   10
Groß- und Kleinschreibung   S. 114 ff.

H
Handout   105 f.
Hauptsatz   129 ff., 136 f., 141

I
Infinitivgruppen   132
Innerer Monolog   54, 80
Internet   15, 38, 97, 103

J
Jugendsprache   149

K
Kommasetzung   129, 131
Konjunktionen   130, 137, 141, 153
Kündigung schreiben   46 ff.
Kreativ mit Texten umgehen   50 ff., 133

L
Lebenslauf   35 f.
Lernen an Stationen   152 ff.
Lernstrategien   86 ff., 110 ff.
Lesestrategien   98 ff.
Lösungshilfen anwenden   110 ff., 134 f.

M
Meinung äußern und begründen   65 ff.
Mengenwörter   114
Mitarbeit   92
Mundart   148

N
Nebensatz   141
Nomen   117, 124, 132, 138

O
Objekt 150

P
Prädikat 108
Pronomen 114, 120 f., 139
Präpositionen 114, 140, 154
Protokollieren 93 ff.

Q
Qualitraining 62 ff.

R
Rechtschreibstrategien festigen 110 ff.
Redensarten 63
Referate präsentieren 102 ff.
Relativsatz 131
Rollenbiografie entwickeln 53
Rollenspiel S. 40 f.

S
s-Laute 126
Satzgefüge 129 f., 136 f.
Satzglieder 150 f.
Schaubilder 9, 69, 75
Schaubilder auswerten 71
Sprachliche Bilder 64, 143
Standardisierter Brief 30, 48 f.
Standardsprache 148
Stellung nehmen 18 ff., 65 f.
Stilmittel 61
Subjekt 108, 150

T
Telefonische Anfrage 29
Text
– erschließen 44 f., 50 ff., 69 f.
– überarbeiten 57, 95, 108 ff.
– verfassen 56, 73 f. – weiterschreiben (ausbauen) 58, 62
– zusammenfassen 62
Textsorten
– Fabel 133
– Sachtexte 44, 68 ff.
– Literarische Texte 50 ff., 78 ff.
– Zeitungsartikel 32
Trennung 126, 128

U
Überleitungen formulieren 21
Übungsprogramm erstellen 112
Umgangssprache 148

V
Verb 117, 124, 139
Versuchsprotokoll 94
Vokale 126 f.
Vorstellungsgespräch 43 ff.

W
Wortarten 138 ff.
– Adjektiv 125, 140
– Konjunktion 130, 141, 153
– Mengenwort 114
– Nomen 117, 124, 132, 138
– Präposition 114, 140, 154
– Pronomen 114, 120, 139
– Verb 117, 124, 139
Wortbildung 142
Wörterbuch 70, 123, 144
Wörtliche Rede 133
W-Fragen 72

Z
Zitieren 96 f., 104

Das Buch wurde erarbeitet auf der Grundlage der Ausgabe von:
Hannelore Gabel-Monka, Ingeborg Kirsch, Marianne Steigner

Redaktion: Dagmar Finke

Layout und technische Umsetzung: Ulrike Kuhr

www.cornelsen.de

Die Internetadressen und -dateien, die in diesem Lehrwerk angegeben sind, wurden vor Drucklegung geprüft. Der Verlag übernimmt keine Gewähr für die Aktualität und den Inhalt dieser Adressen und Dateien oder solcher, die mit ihnen verlinkt sind.

1. Auflage, 1. Druck 2006/06

Alle Drucke dieser Auflage sind inhaltlich unverändert und können im Unterricht nebeneinander verwendet werden.

© 2006 Cornelsen Verlag, Berlin

Das Werk und seine Teile sind urheberrechtlich geschützt.
Jede Nutzung in anderen als den gesetzlich zugelassenen Fällen bedarf der vorherigen schriftlichen Einwilligung des Verlages.
Hinweis zu § 52a UrhG: Weder das Werk noch seine Teile dürfen ohne eine solche Einwilligung eingescannt und in ein Netzwerk eingestellt werden.
Dies gilt auch für Intranets von Schulen und sonstigen Bildungseinrichtungen.

Druck: CS-Druck CornelsenStürtz, Berlin

ISBN-13: 978-3-464-60478-6
ISBN-10: 3-464-60478-0

Inhalt gedruckt auf säurefreiem Papier aus nachhaltiger Forstwirtschaft.